AF634452

# Japanische Handschuhe stricken

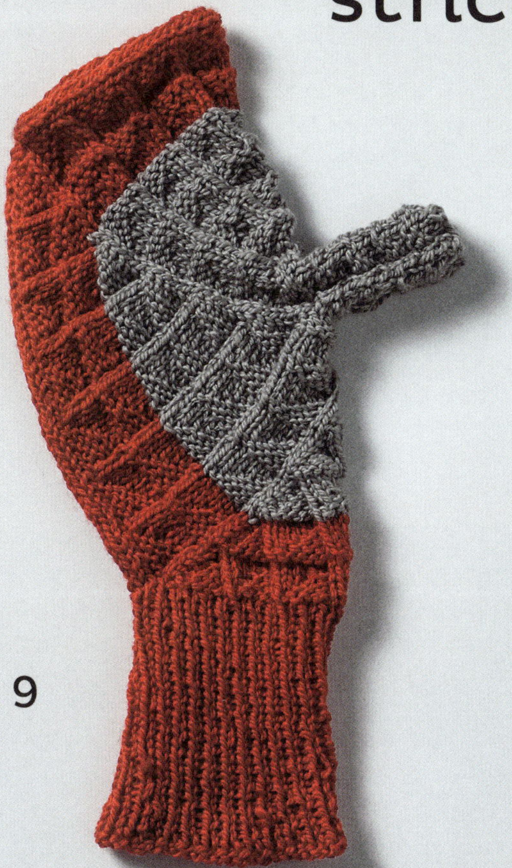

Nr. 9

stiebner

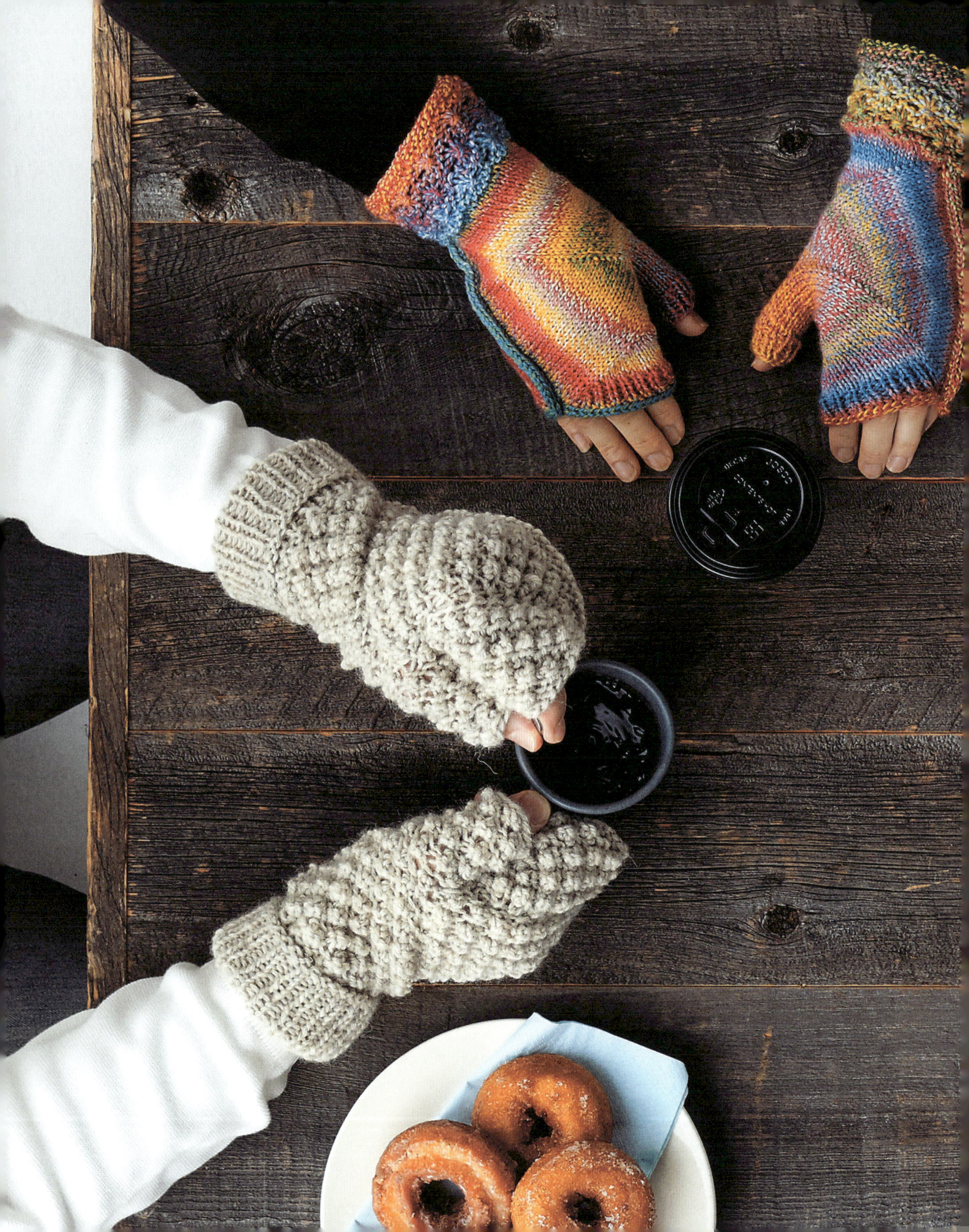

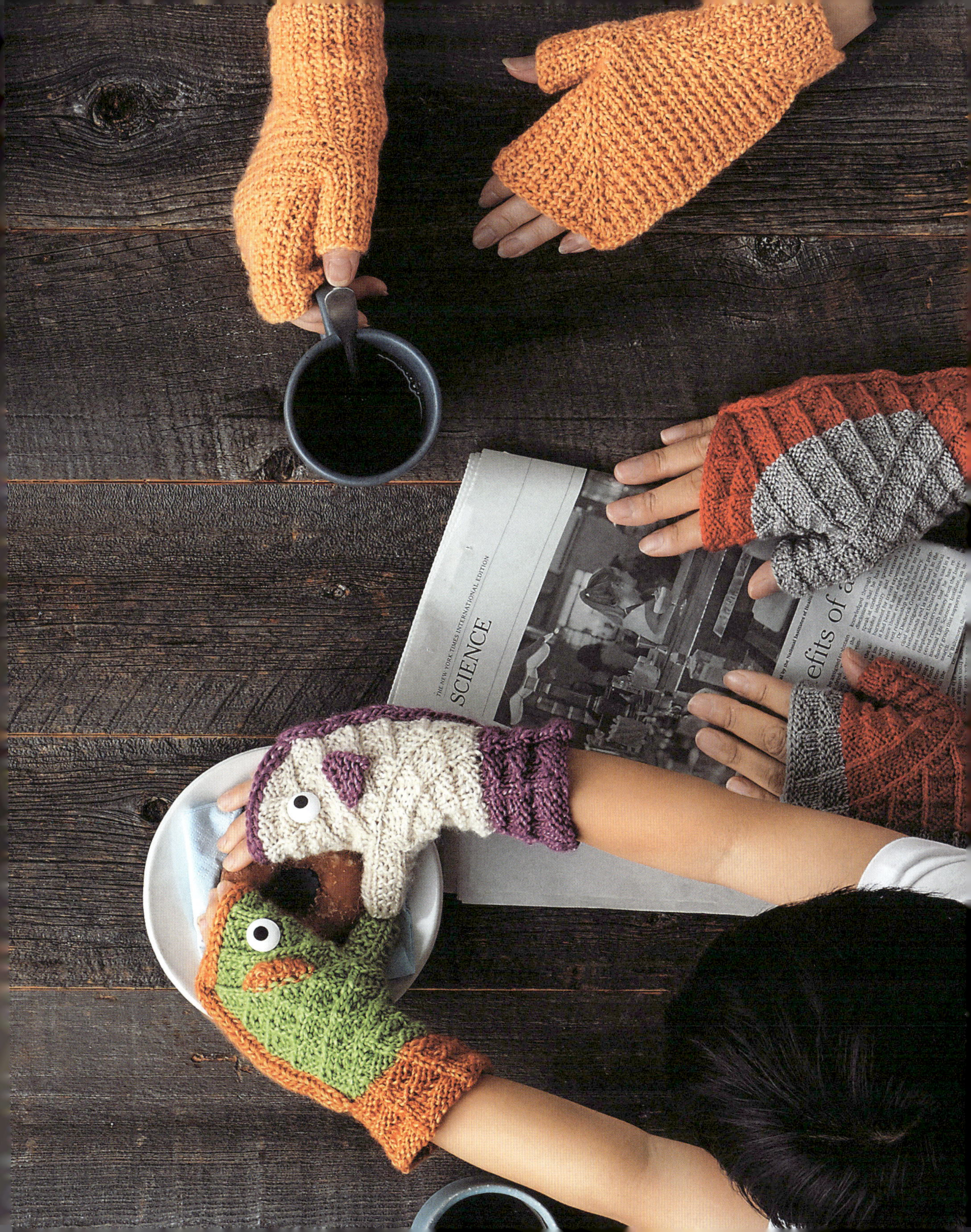
THE NEW YORK TIMES INTERNATIONAL EDITION
SCIENCE

# Inhalt

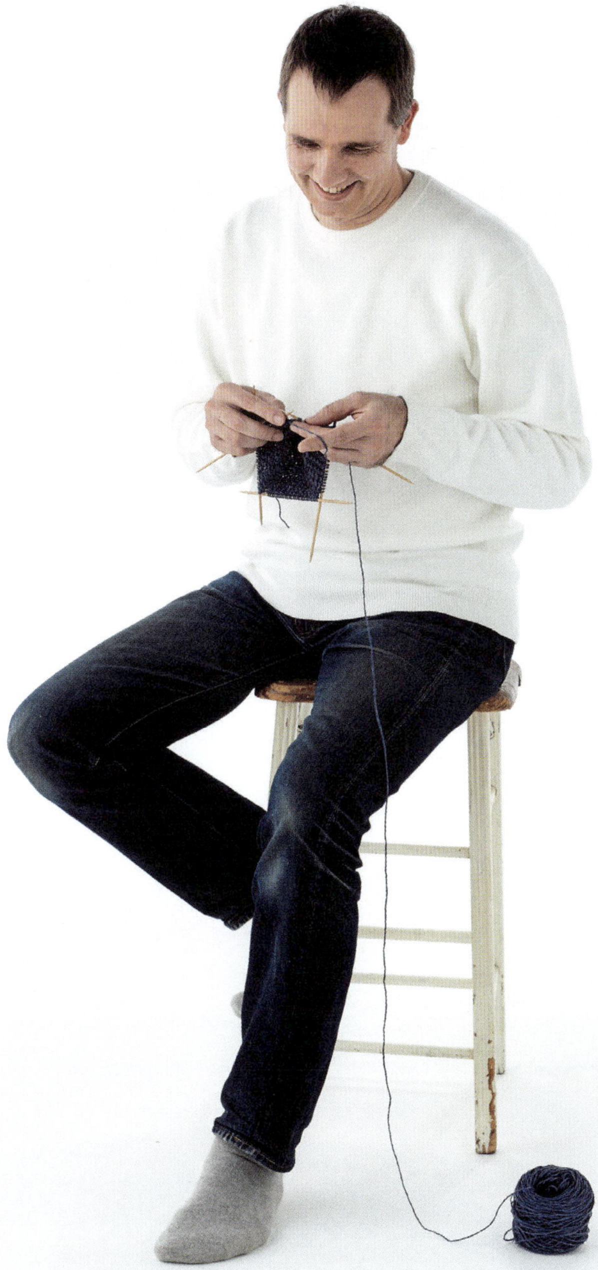

# Erstaunlich einfach – diese Technik!

Von meinen eigenen Entwürfen finde ich diese Fäustlinge ganz besonders interessant. Dabei sind sie überhaupt nicht schwierig zu stricken!

Dank der höchst einfachen Struktur brauchen Sie nicht einmal eine Anleitung, sobald Sie das Prinzip einmal begriffen haben. Zudem benötigen Sie noch weniger Wolle als bei meinen Spiralsocken und können die Handschuhe in kürzester Zeit hintereinander wegstricken.

Eines Tages überlegte ich im Flugzeug nach Fukuoka, wie man Fäustlinge einfacher stricken könnte, und starrte gedankenverloren aus verschiedenen Perspektiven auf meine Hände. Plötzlich kam mir der Gedanke: „Und wenn man vom Daumen aus strickt?“ Wie bei der deutschen Technik des Kunststrickens könnte man dann durch identische Zunahmen ein viereckiges Strickstück fertigen, das sich genau um die Hand wickeln ließe ... Man bräuchte den Faden zwischendurch nicht abzuschneiden und auch die Größe ließe sich leicht anpassen: Man würde einfach so lange weiterstricken, bis der Handschuh genau passt. Es wären keine komplizierten Zu- und Abnahmen mehr nötig und wenn die Daumengröße stimmt, passt auf wunderbare Weise auch der Rest. Auch auf die Bündchenweite bräuchte man nicht mehr zu achten.

Bis das Flugzeug in Fukuoka landete, hatte ich einen fertigen Entwurf für solche Fäustlinge im Kopf.

Bei meinem ersten Versuch war ich überrascht, dass tatsächlich wie von Zauberhand ein perfekt passender Handschuh entstand, gerade so, wie ich es mir vorgestellt hatte. Genau das ist für mich die Magie des Strickens! Weil ich den Ansatz, vom Daumen aus zu stricken, so einzigartig und originell fand, nannte ich ihn den „Daumenhoch-Handschuh“.

Aufgrund seiner interessanten Strickweise, mit der er sich von normalen Fäustlingen unterscheidet, entstehen allein durch die Verwendung von Garnen mit Farbverlauf schon hübsche Muster. Später erst fiel mir auf, dass die Fäustlinge auch für die Benutzung von Touchscreens sehr praktisch sind, da die Fingerspitzen frei bleiben. Heutzutage funktioniert ja alles über Touchscreens, angefangen beim Smartphone bis hin zu den Fahrkarten- und Getränkeautomaten. Mit diesen Modellen muss man sich dafür nicht mehr jedes einzelne Mal die Handschuhe ausziehen!

Die Fäustlinge lassen sich ganz nach eigenen Ideen vielseitig verwenden. Aus Acrylwolle gestrickt, wird daraus zum Beispiel ein Putzhandschuh, aus schneeweißer Wolle in einem zarten Spitzenmuster ein Brauthandschuh, mit Augen und Ohren daran eine Handpuppe für Kinder. Ändert man das Grundprinzip leicht ab, entsteht sogar eine niedliche Eichelmütze!

Mit dem Buch als Grundlage werden auch Ihnen ganz einfach und in kürzester Zeit einzigartige originelle Handschuhe gelingen. Viel Spaß beim Stricken!

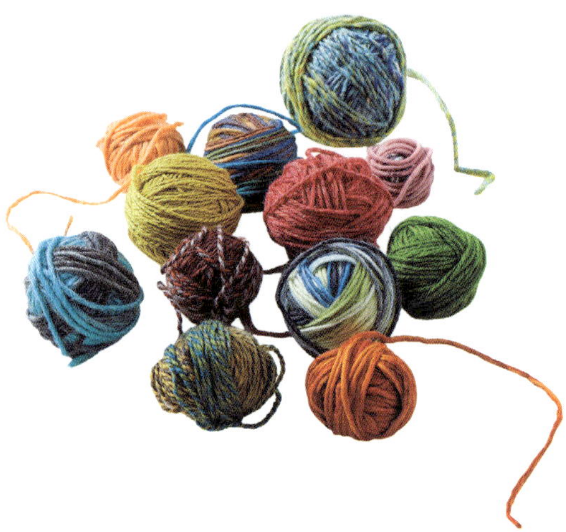

## Triangle

### Einfache Dreieck-Fäustlinge

Zu beiden Seiten des Dreiecks werden in jeder zweiten Reihe Maschen zugenommen. Anleitung auf Seite 50.

Nr. 1

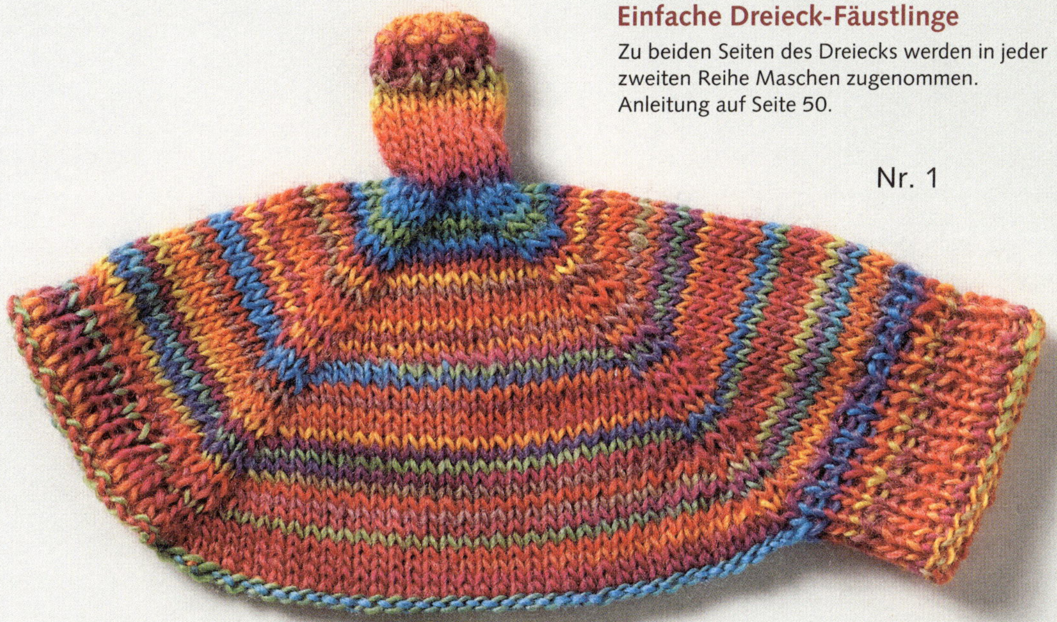

Nr. 2

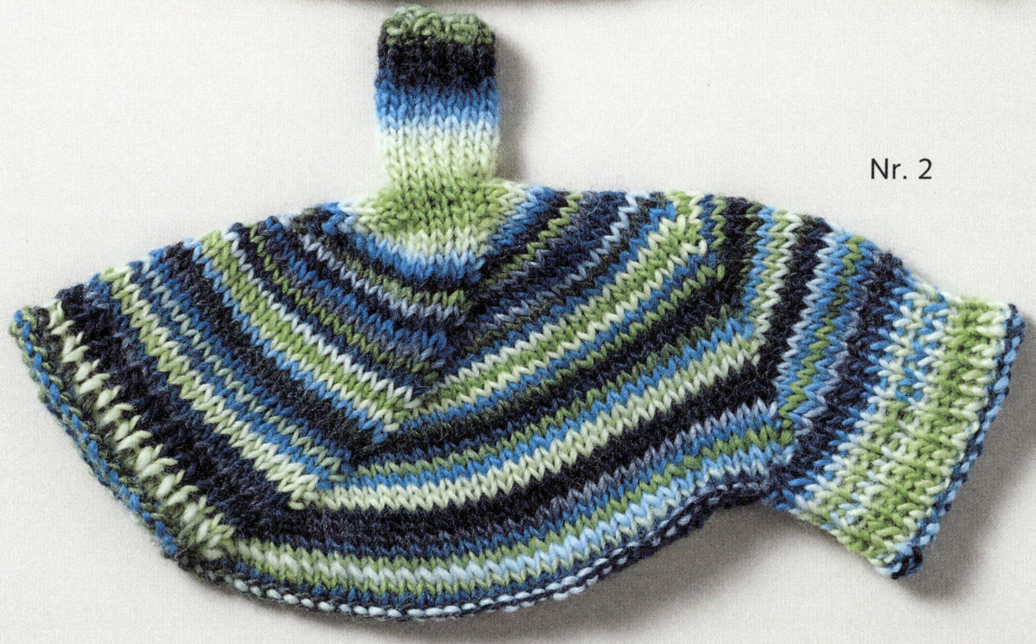

## Windmill

### Einfache Windrad-Fäustlinge

Auf einer Seite des Dreiecks wird in jeder Reihe eine Masche zugenommen. Anleitung auf Seite 52.

# Grundprinzip

Meine Fäustlinge werden vom Daumen aus in einem Stück gestrickt. Das Prinzip ist ganz einfach: Man strickt in Runden, ausgehend vom Daumen. Dazu werden die Anschlagmaschen gleichmäßig auf vier Stricknadeln verteilt und für Handfläche und Handrücken regelmäßig Maschen zugenommen, bis der Fäustling groß genug für die eigene Handbreite ist. Dann werden erst die Maschen an den Fingerspitzen und dann die Maschen an der Handkante abgekettet. Das Bündchen wird bis zur gewünschten Länge wiederum in Runden gestrickt und dann abgekettet – fertig!

Die Handschuhe sind für die rechte und die linke Hand identisch, daher brauchen Sie keine spiegelverkehrte Version zu stricken. Wenn Sie den ersten Handschuh gemeistert haben, ist der zweite genauso einfach gestrickt.

Es gibt zwei Arten der Zunahme; wie auf den Fotos auf Seite 7 zu sehen ist, entsteht aus der einen die Dreieck-Grundform, aus der anderen die Windrad-Grundform. Nimmt man jeweils auf beiden Seiten der Maschen auf den vier Nadeln zu, entstehen gleichschenklige Dreiecke, die die Dreieck-Grundform bilden. Nimmt man nur jeweils auf einer Seite der Nadel zu, haben die Dreiecke fließende Kanten und bilden die Windrad-Grundform.

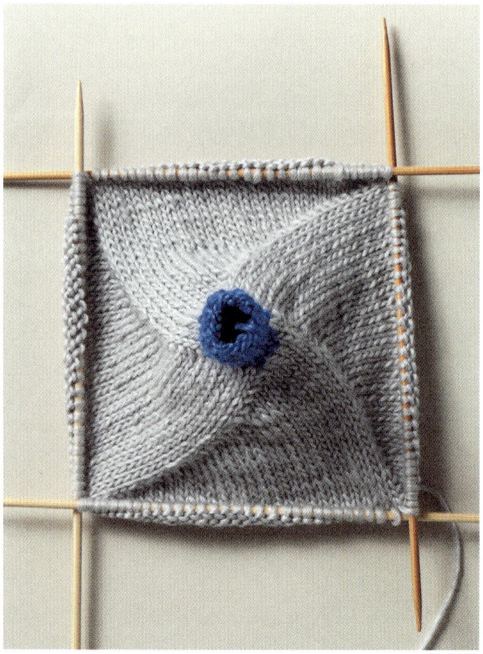

Nimmt man in jeder Runde nur an einer Seite der Nadel zu, entsteht die Windrad-Grundform.

**Bestimmen der eigenen Größe (Abbildung: linke Hand)**

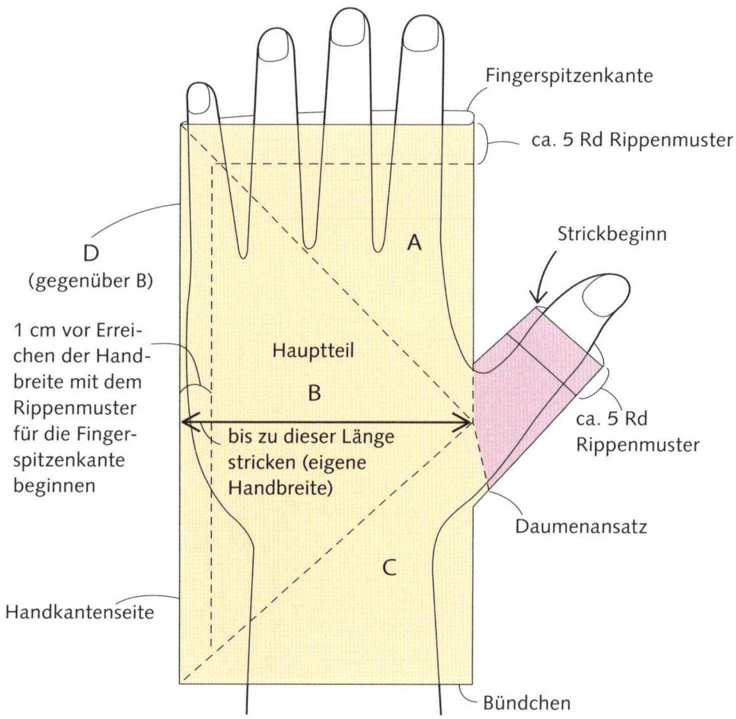

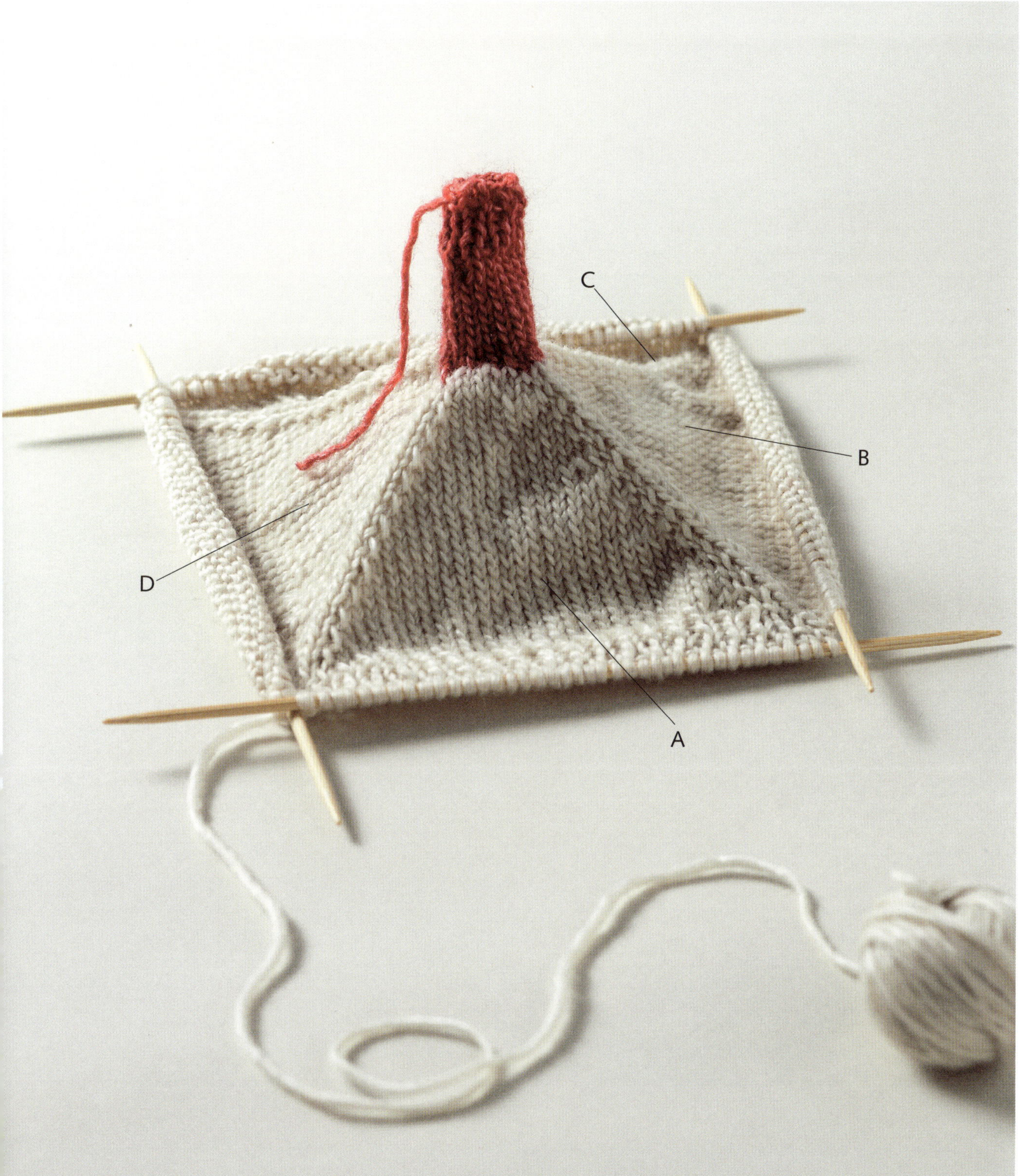


Nach Abschluss des Daumens bilden vier Dreiecke zusammen ein viereckiges Strickstück. Wie bei der deutschen Kunststricktechnik werden dafür regelmäßig Maschen zugenommen. Aus Zunahmen in jeder zweiten Reihe zu beiden Seiten des Dreiecks entsteht die Dreieck-Grundform.

# How to adjust your mitten size

## Größe anpassen? Kein Problem!

Da nur so weit gestrickt wird, bis die Handbreite erreicht ist, lässt sich die Größe der Fäustlinge vom Kind bis zum Erwachsenen ganz leicht anpassen. Das Stricken geht so einfach und schnell, dass diese Handschuhe ein ideales Geschenk für Familie und Freunde sind!

Um die Größe anzupassen, wird die Maschenzahl des Daumens in Viererschritten verändert und über 8, 12, 16 oder 20 Maschen gestrickt. Die vier folgenden Modelle wurden alle mit derselben Woll- und Nadelstärke gestrickt (Olympus Make Make Socks).
Anleitungen auf Seite 58.

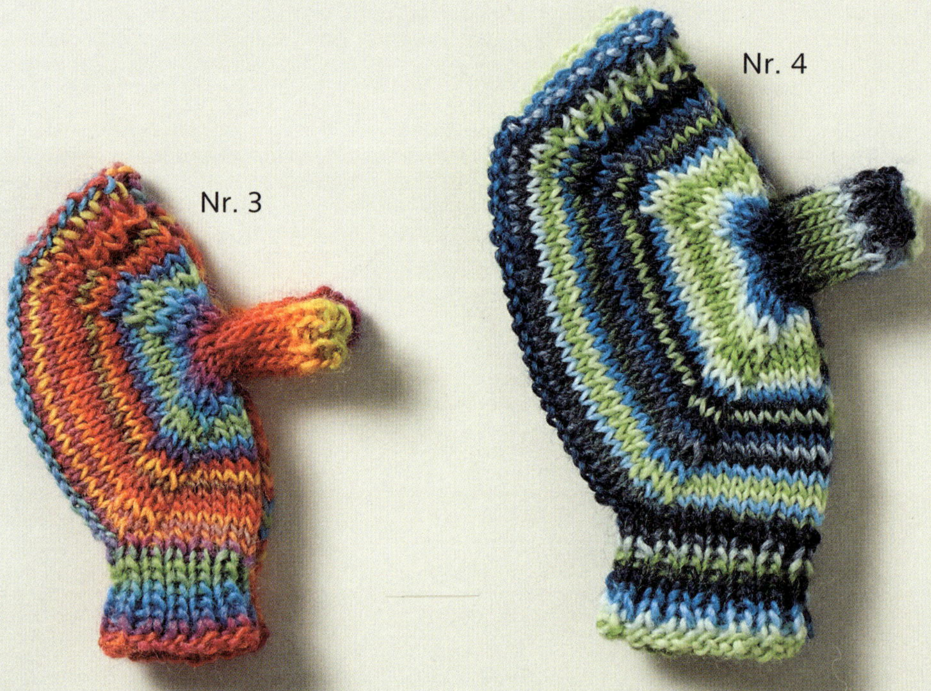


Kleinkindgröße (8 Maschen)

Kindergröße (12 Maschen)

Nr. 5

Nr. 6

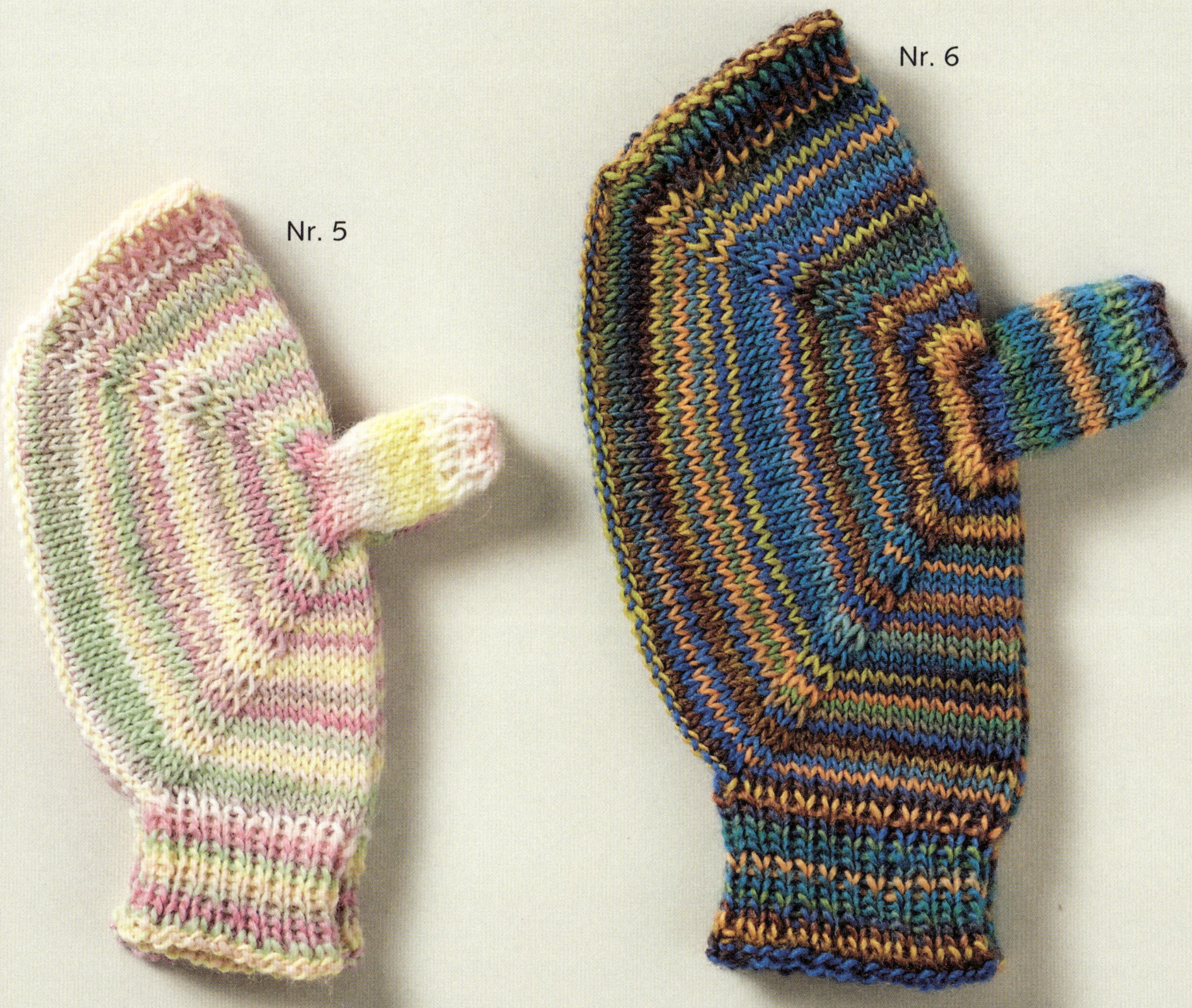

Damengröße (16 Maschen)

Herrengröße oder bequeme Damengröße
(20 Maschen)

Durch Ändern der Woll- und Nadelstärke lässt sich die Größe noch einfacher anpassen. Maschen- und Reihenzahl sind bei den folgenden beiden Modellen identisch.
Anleitung auf Seite 58.

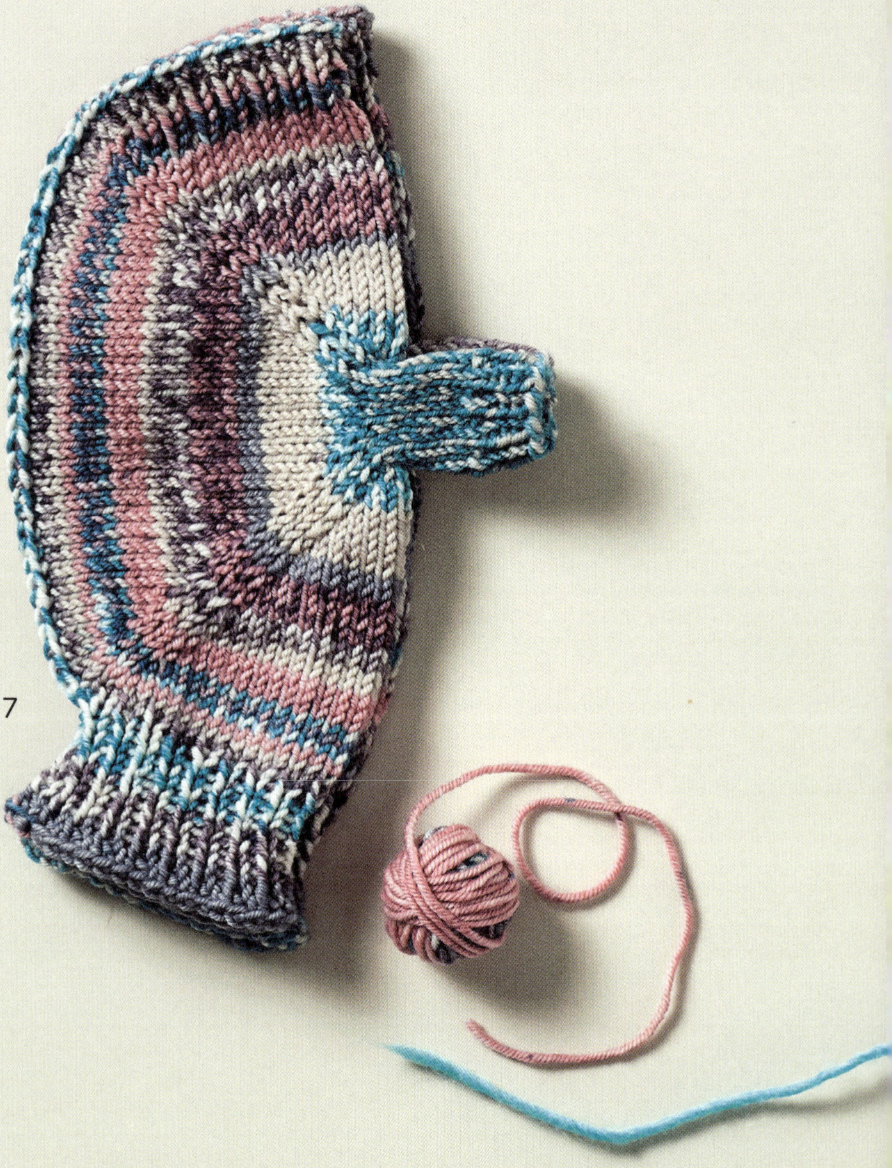

Nr. 7

Wolle: Schoppel Life Style (50 g/155 m)
Nadelstärke 3

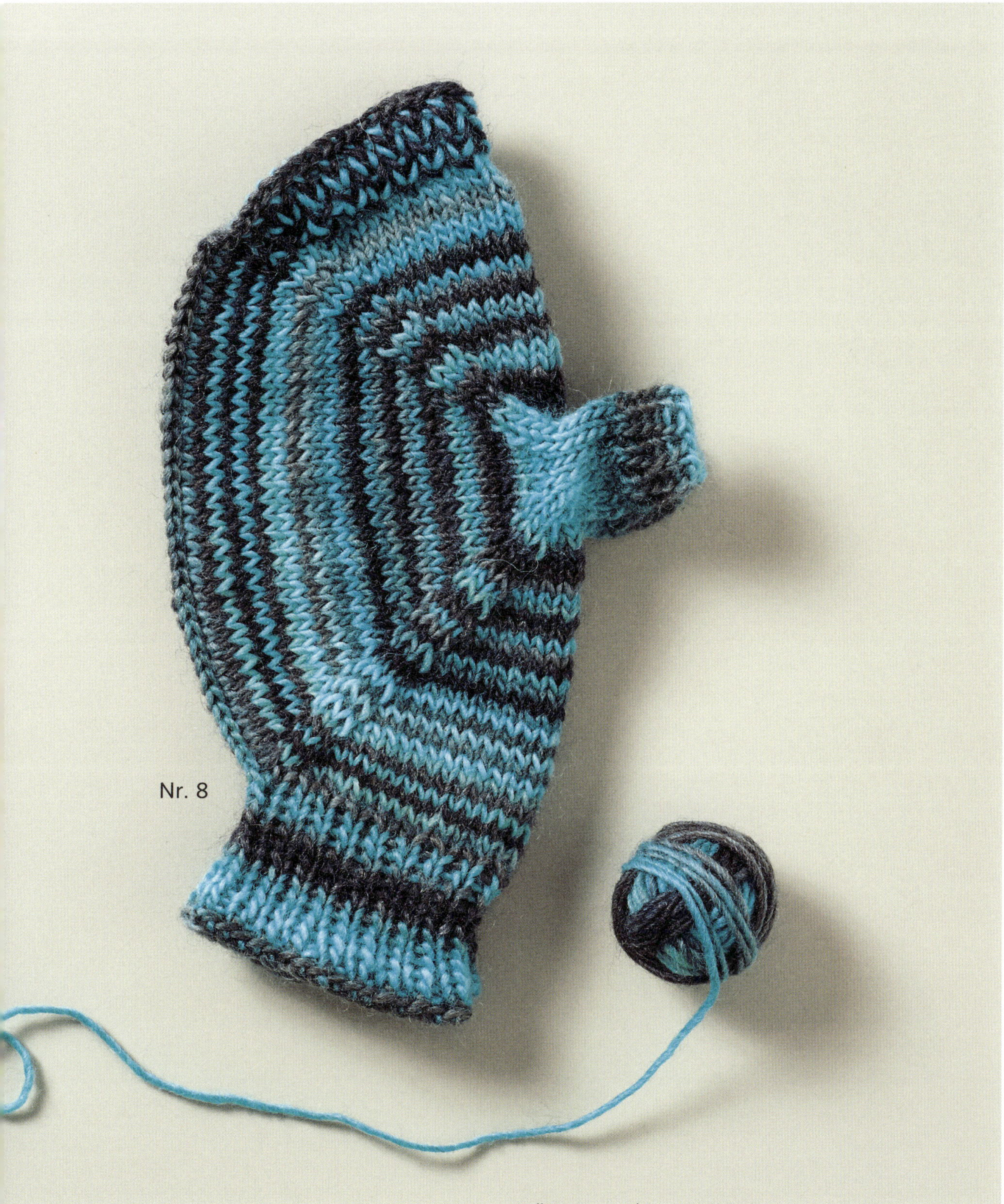

Nr. 8

Wolle: Puppy Multico (40 g/80 m)
Nadelstärke 4

Daruma

## Daruma-Tengu

Der Daumenteil dieses zweifarbigen Modells erinnert an eine Mischung aus japanischem Stehaufmännchen (Daruma) und einem japanischen Bergkobold mit langer Nase (Tengu).
Gestrickt wird mit je einem Knäuel in jeder Farbe und einer Farbumkehrung beim rechten und linken Fäustling.
Anleitung auf Seite 62.

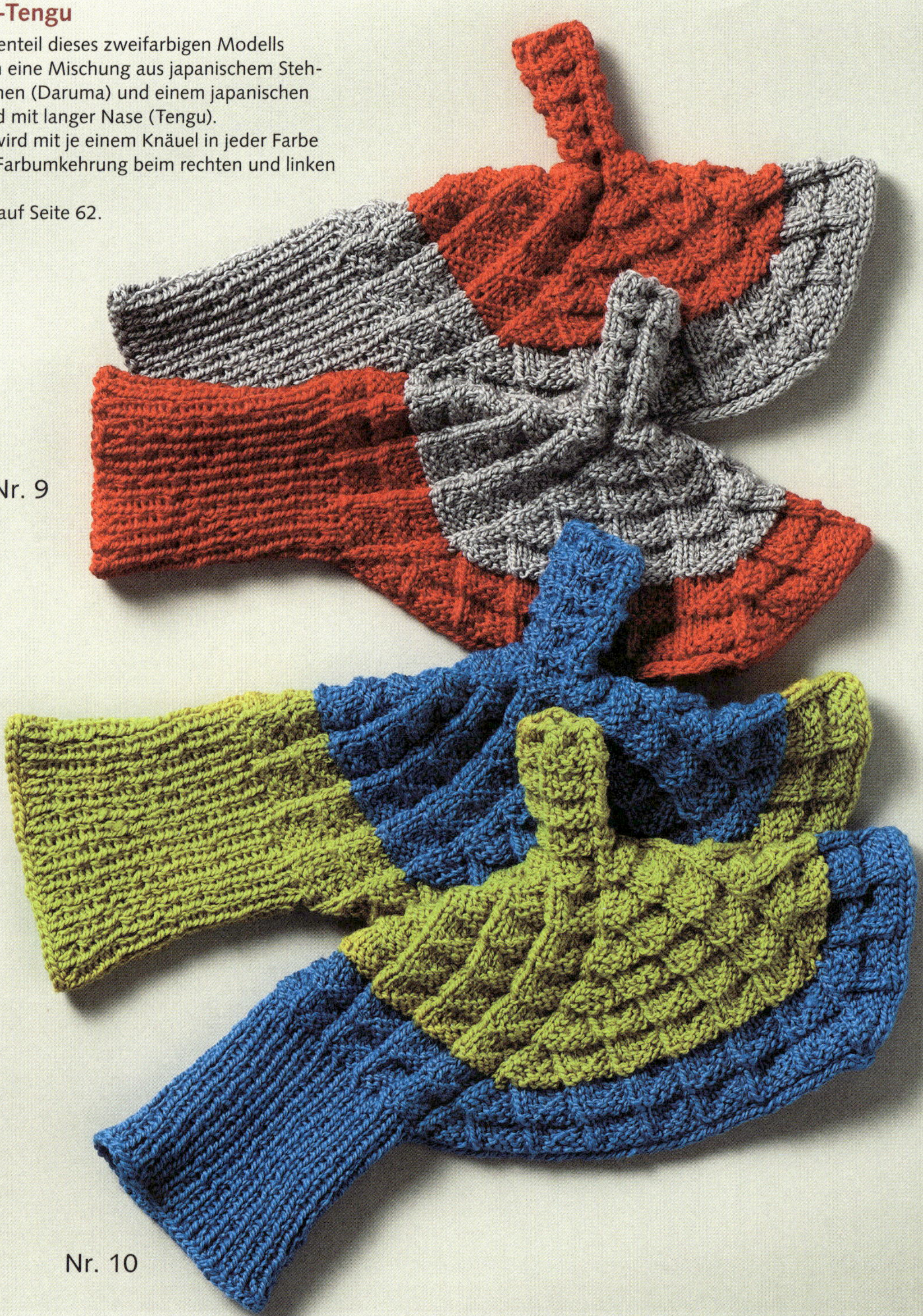

Nr. 9

Nr. 10

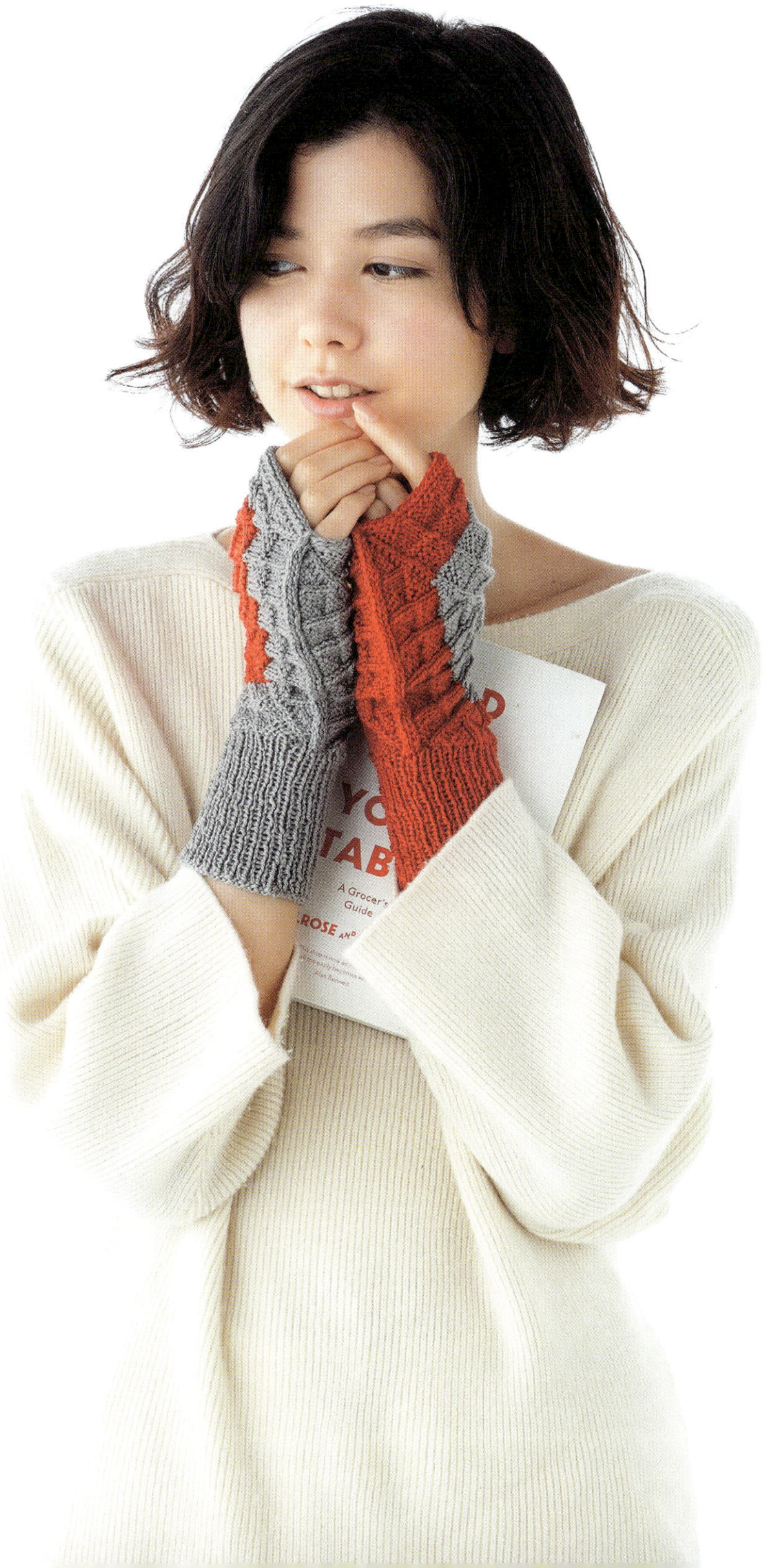
A Grocer's
Guide

# Donguri Boshi

## Eichelmütze

Hier wird auch der Rand glatt rechts gestrickt und rollt sich daher ein. Der „Stiel" der Mütze entspricht dem Daumen des Fäustlings und erinnert an eine Eichelkappe. Für Erwachsene und Kinder. Anleitung auf Seite 66–67.

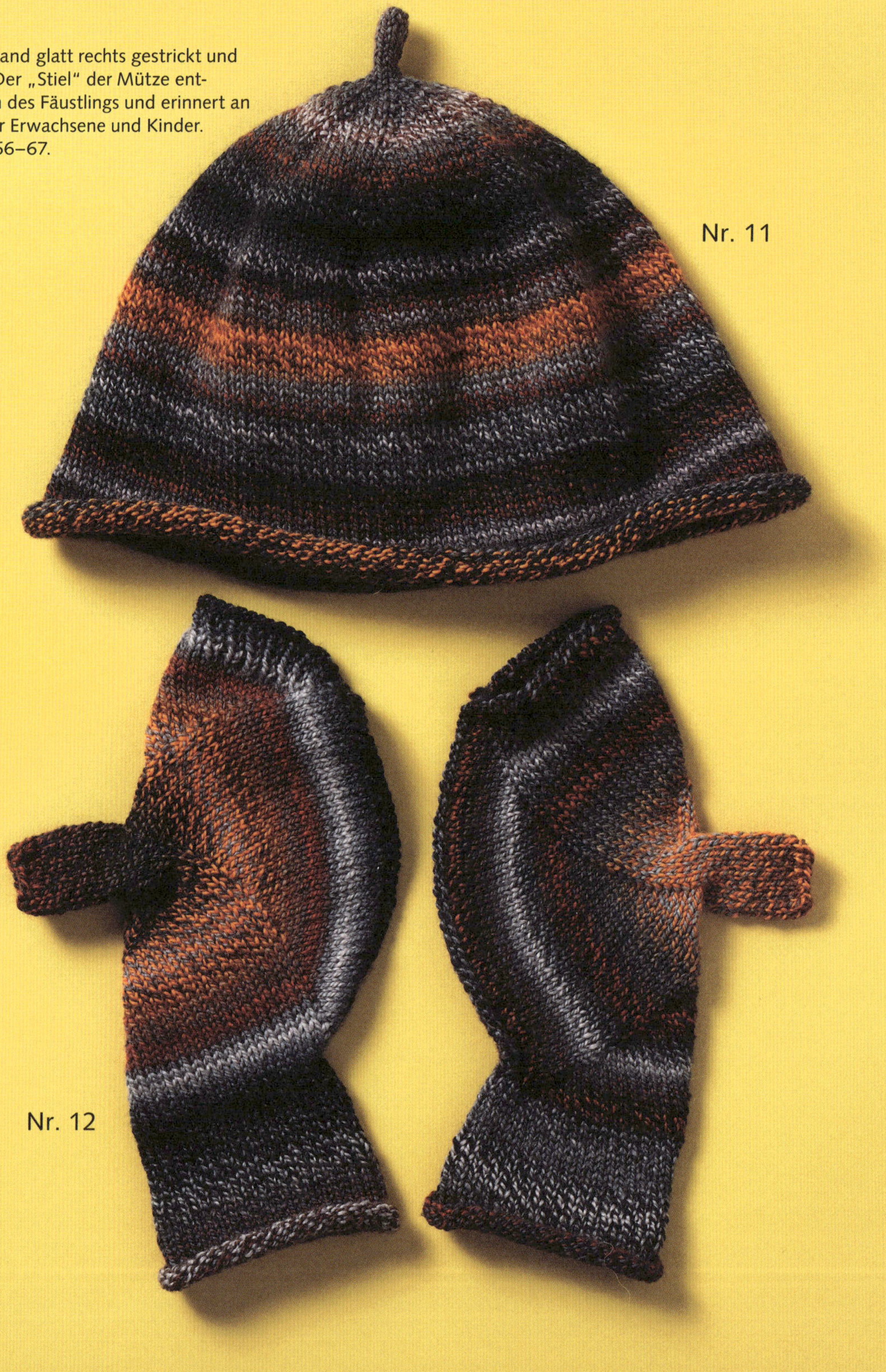

Nr. 11

Nr. 12

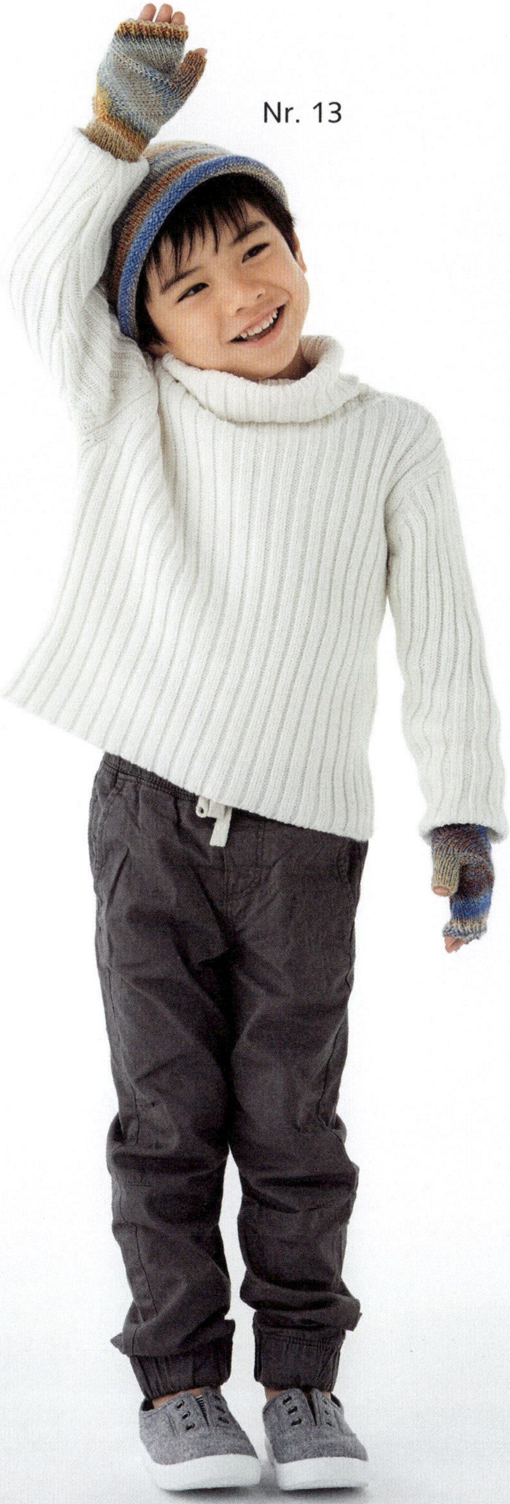

Nr. 13

Nr. 14

# Trinity

## Fäustlinge mit Noppenmuster

In hellen Farben wirkt dieses Muster besonders hübsch. Mit einer dickeren Wolle passt das Modell bei gleicher Maschenzahl auch Männern!
Anleitung auf Seite 63.

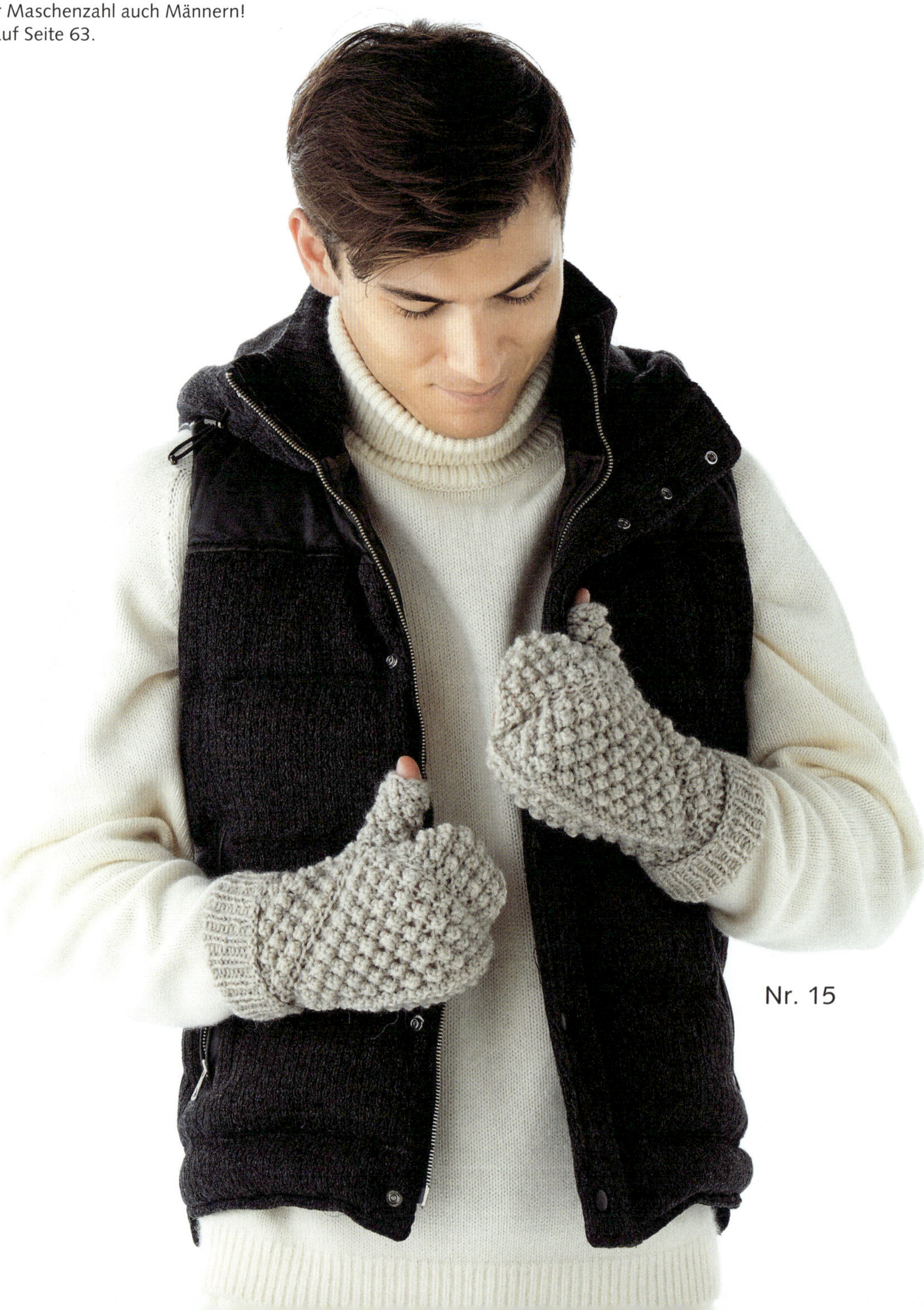

Nr. 15

Nr. 16

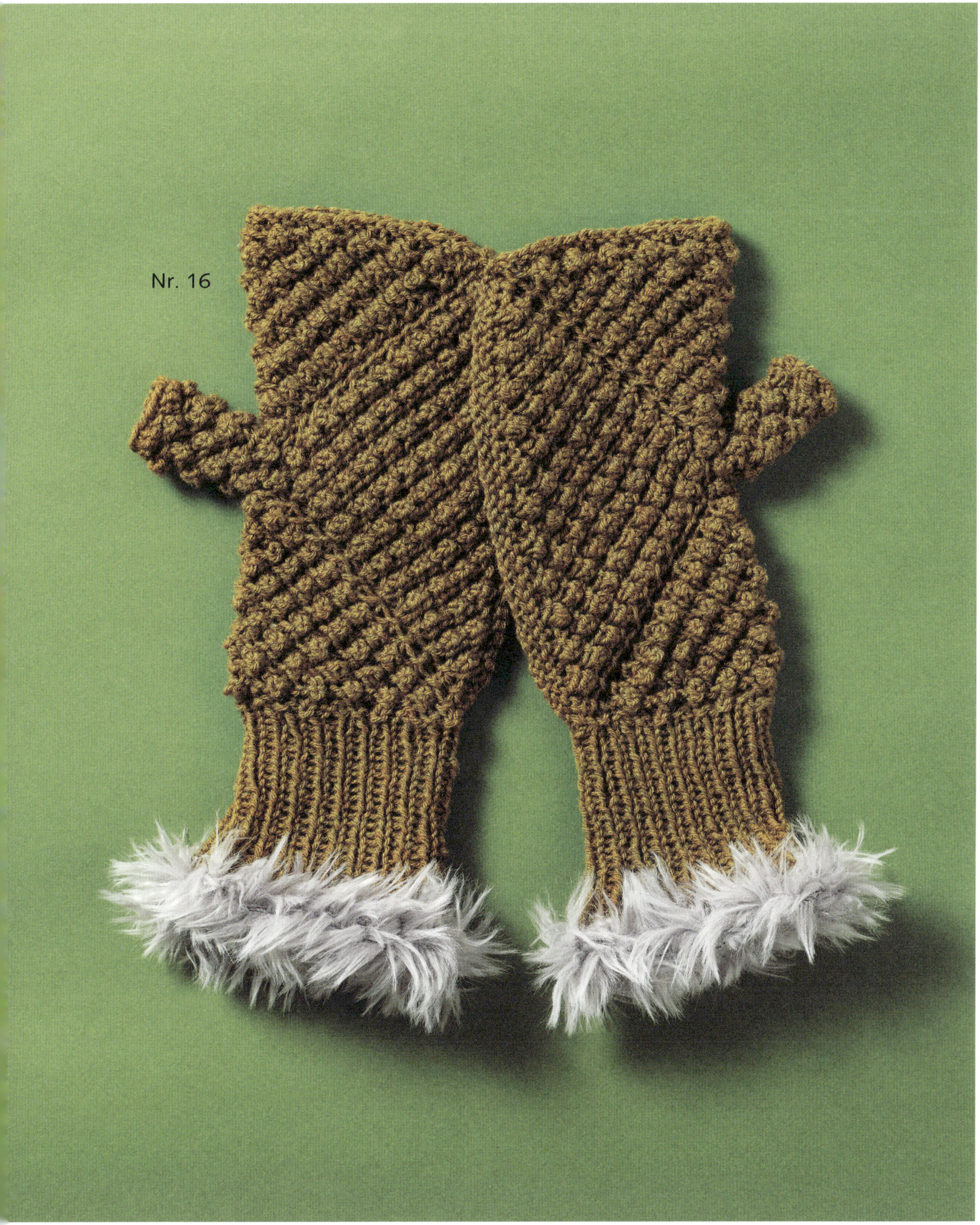

# Sand Stitch

## Fäustlinge mit Rippenmuster

Das Muster besteht nur aus rechten und linken Maschen und ist damit auch für Anfänger bestens geeignet.
Anleitung auf Seite 68–69.

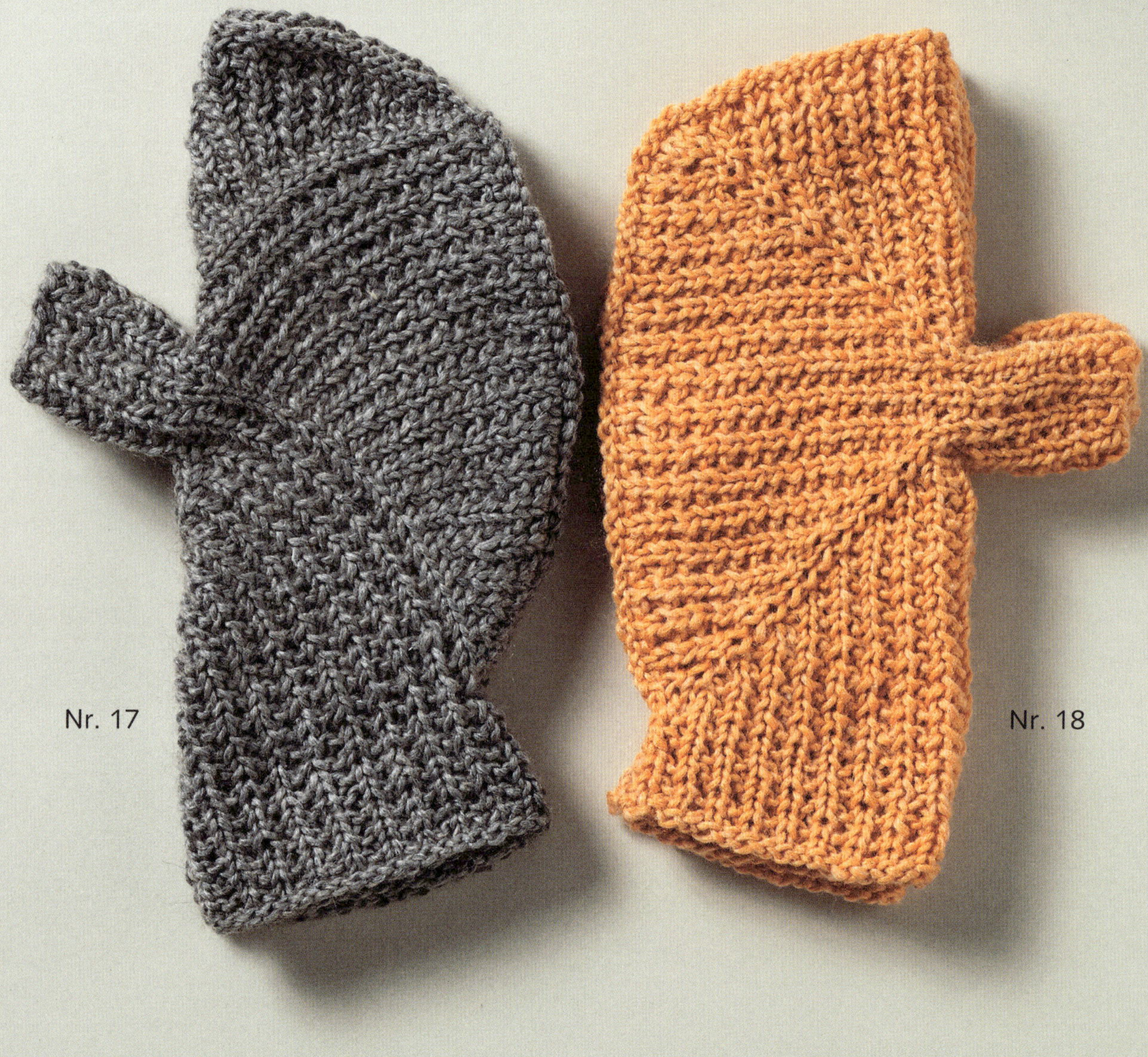

Nr. 17

Nr. 18

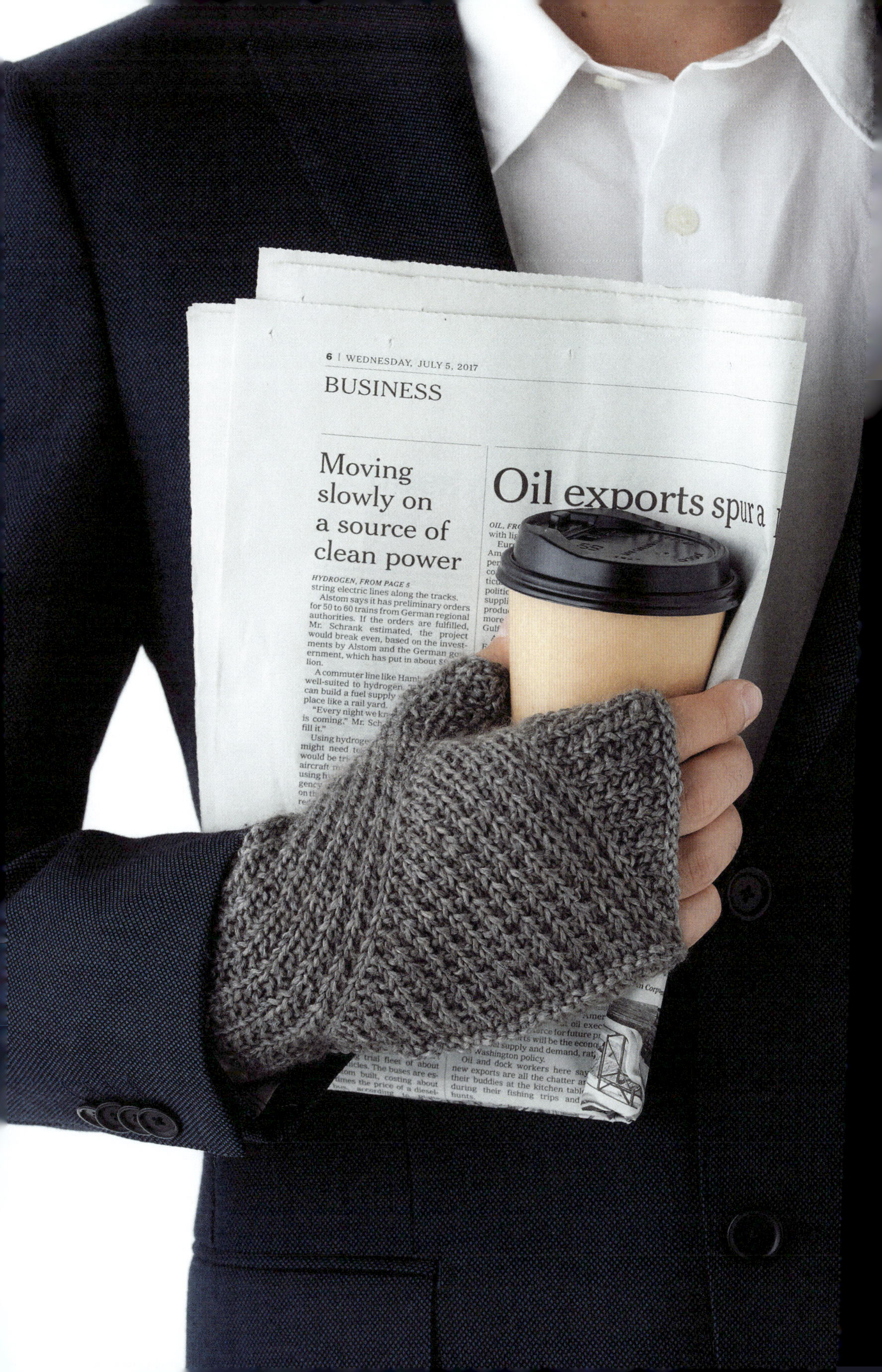
6 | WEDNESDAY, JULY 5, 2017
BUSINESS
Moving slowly on a source of clean power
Oil exports spur a
HYDROGEN, FROM PAGE 5

# Mitten with Cap

## Fäustlinge mit Kappe

Beim Wintersport oder auf langen Spaziergängen durch die Kälte sind bei diesem Modell auch die Fingerspitzen bestens geschützt. Die Kappe lässt sich ganz nach Bedarf an- und abknöpfen. Anleitung auf Seite 72.

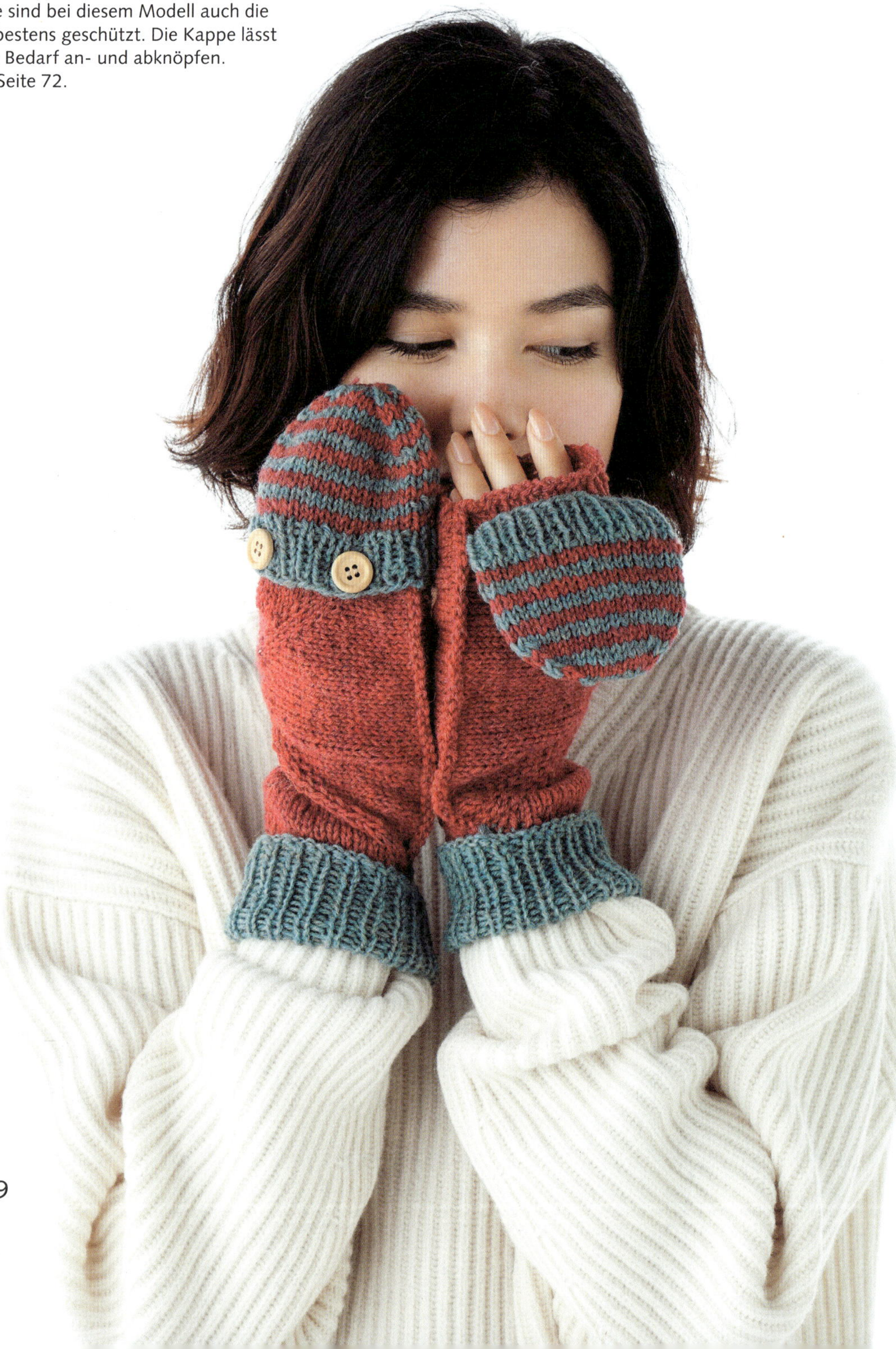

Nr. 19

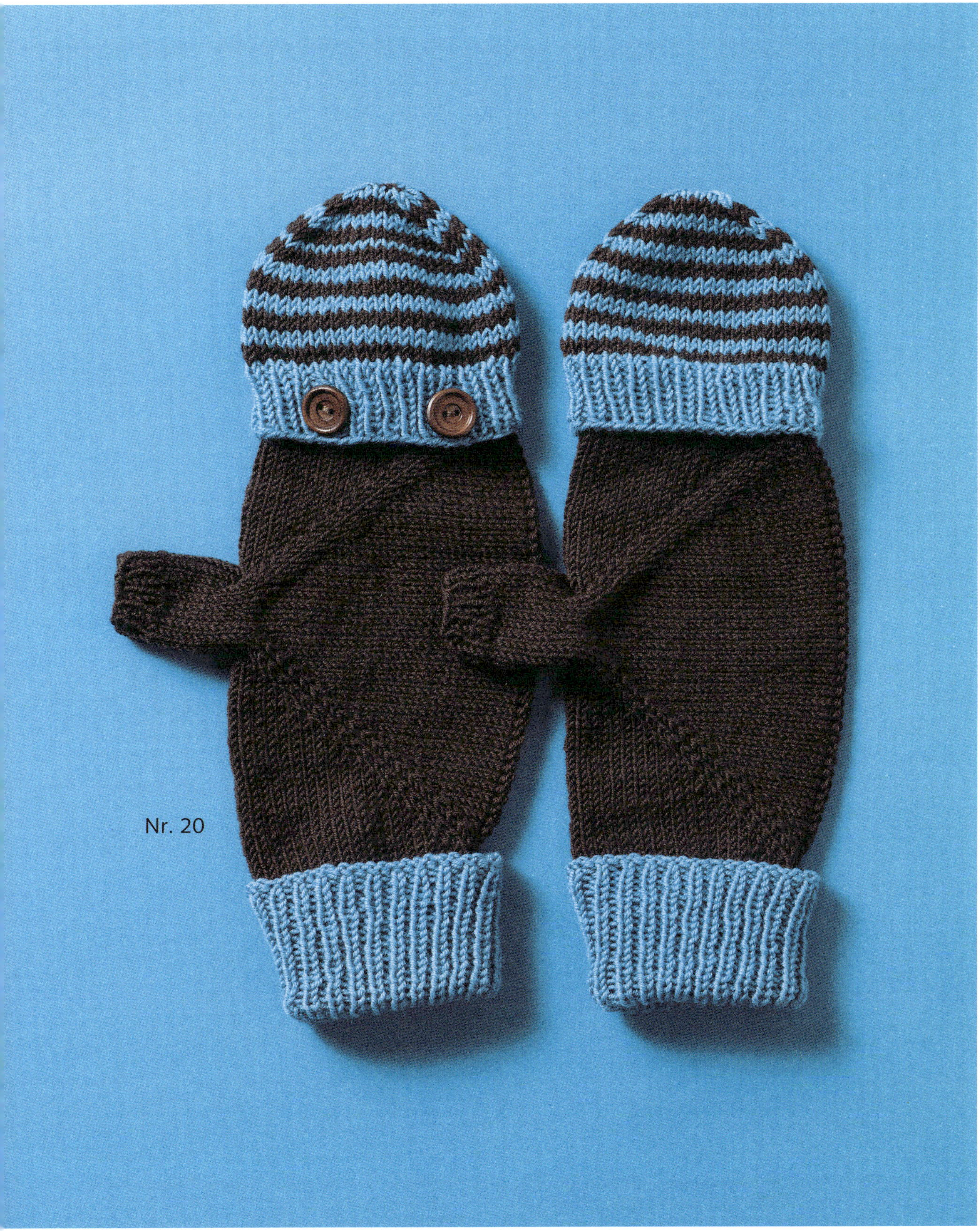

Nr. 20

Noro Lace

## Fäustlinge mit Spitzenbündchen

Dieses Modell wird mit der Regenbogenwolle „Noro“ in der Windrad-Grundform gestrickt, das Bündchen ziert ein Spitzenmuster.
Anleitung auf Seite 65.

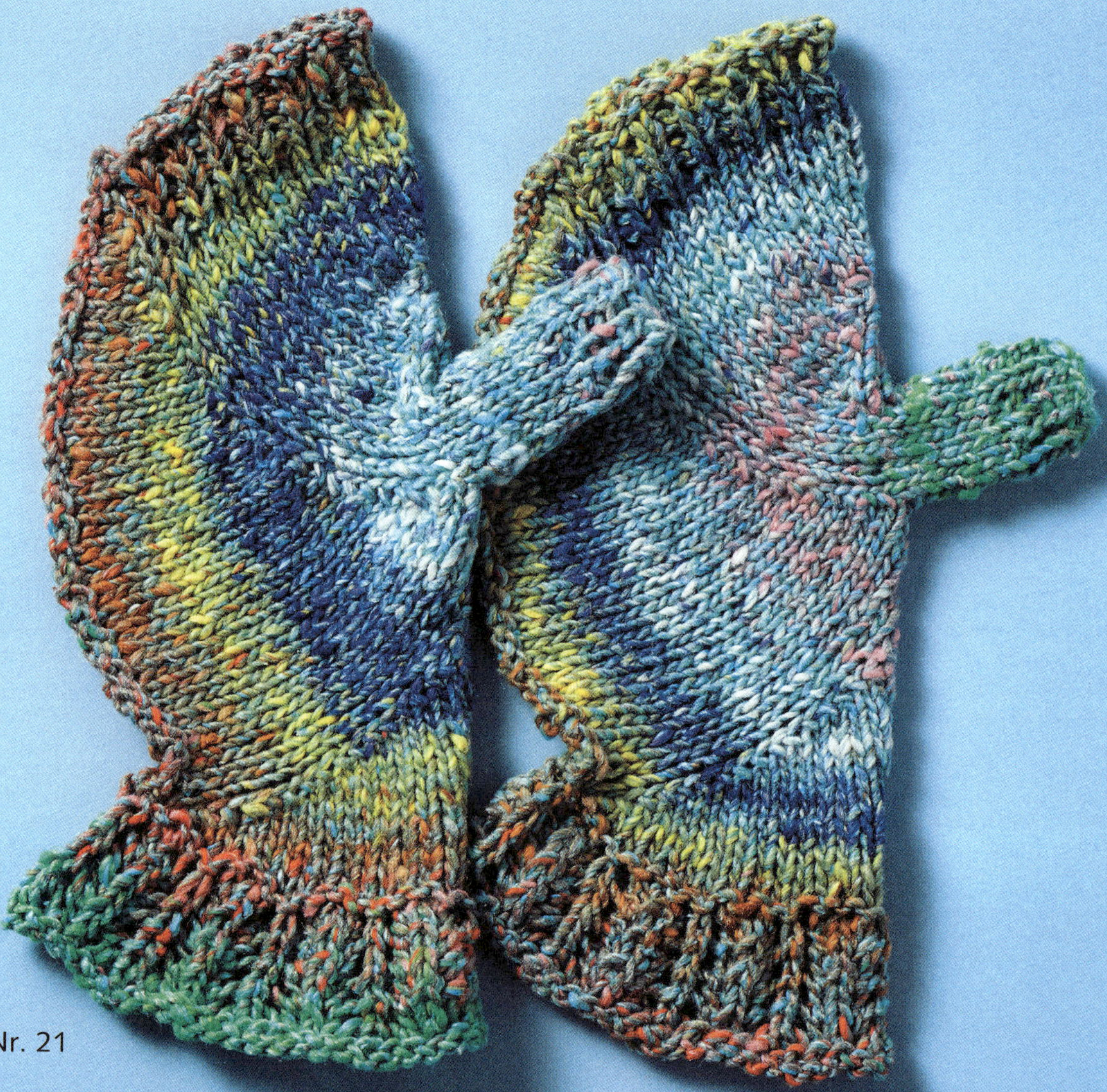

Nr. 21

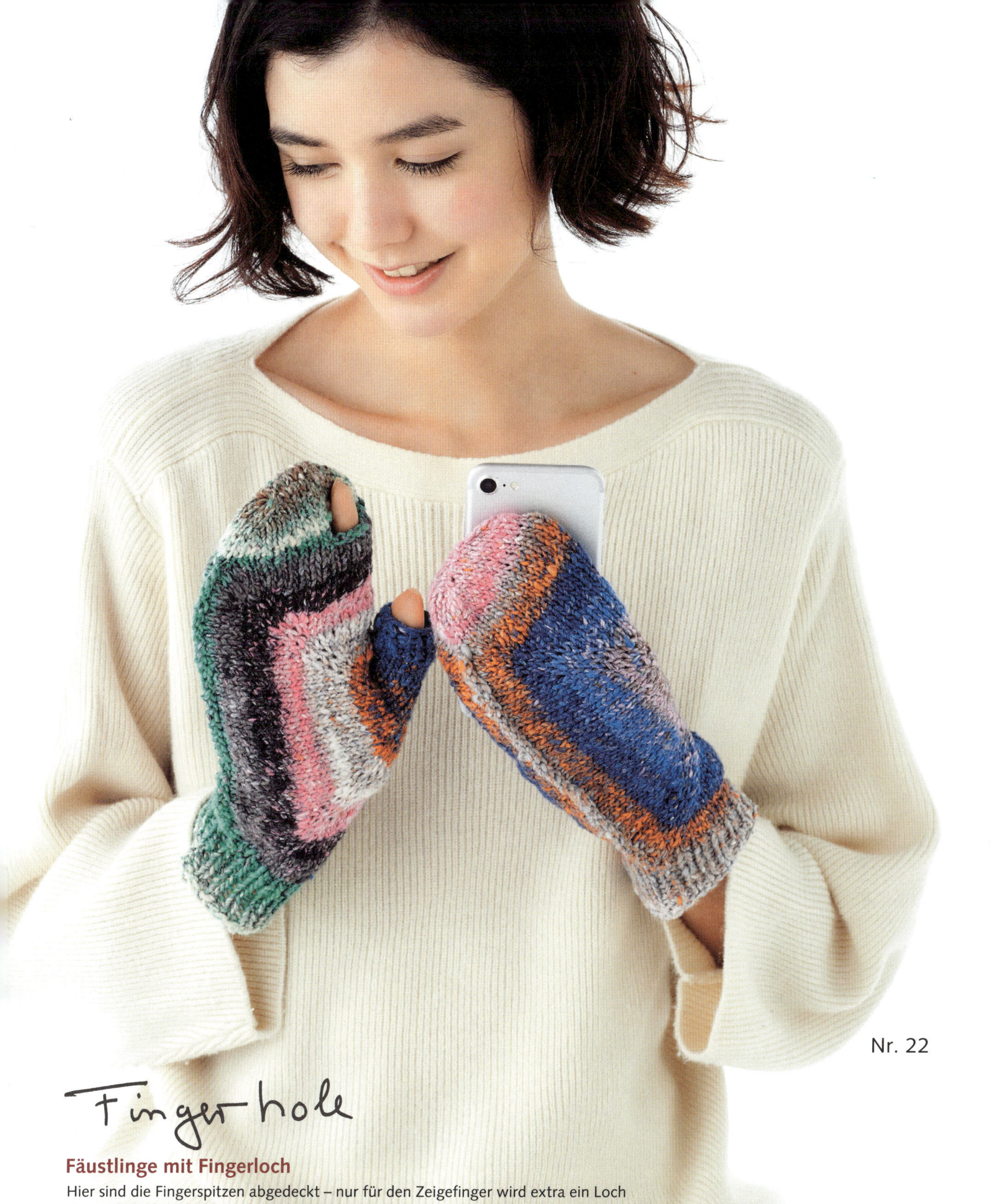

Nr. 22

Finger hole

## Fäustlinge mit Fingerloch

Hier sind die Fingerspitzen abgedeckt – nur für den Zeigefinger wird extra ein Loch eingearbeitet. So lassen sich Smartphone & Co. mit warmen Händen bedienen!
Anleitung auf Seite 65.

# Flower

## Fäustlinge mit Blütenbündchen

In einem Garn mit Farbverlauf gestrickt, erinnern diese Fäustlinge an eine Blumenwiese. In Schwarz und Rot ist der Effekt dramatischer.
Anleitung auf Seite 73.

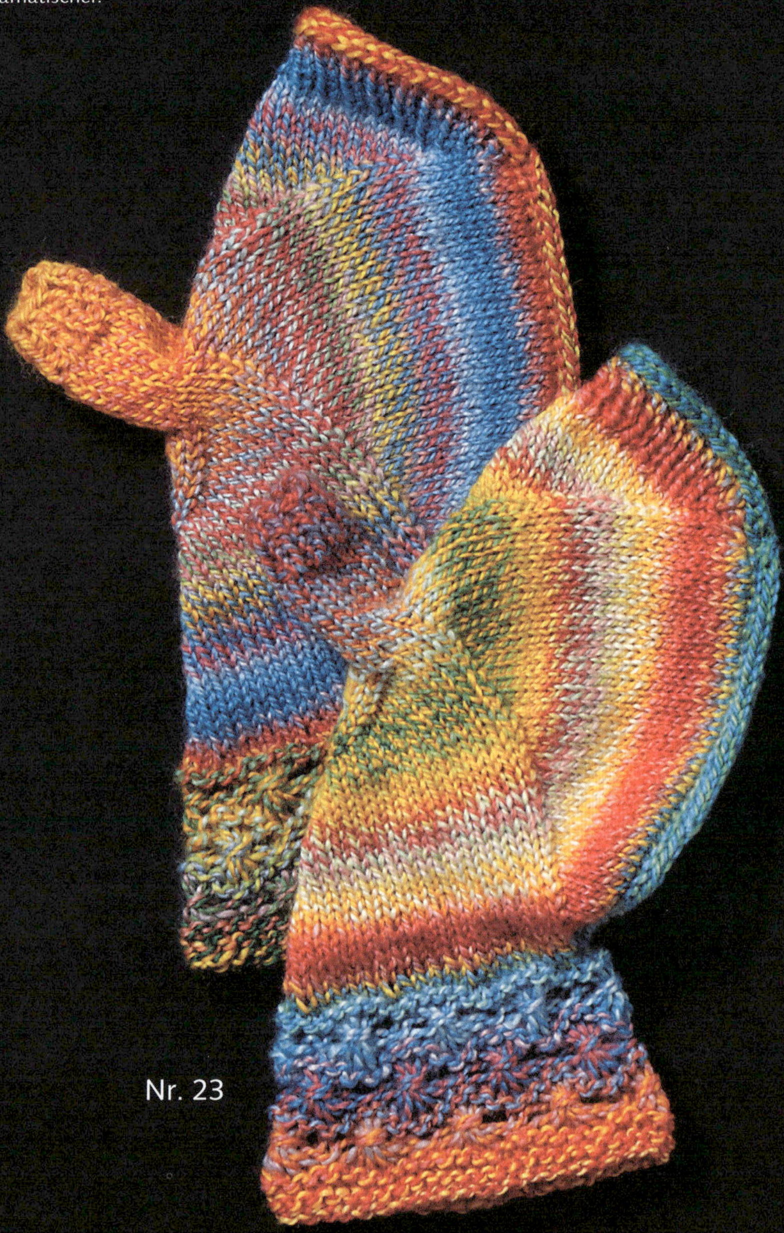

Nr. 23

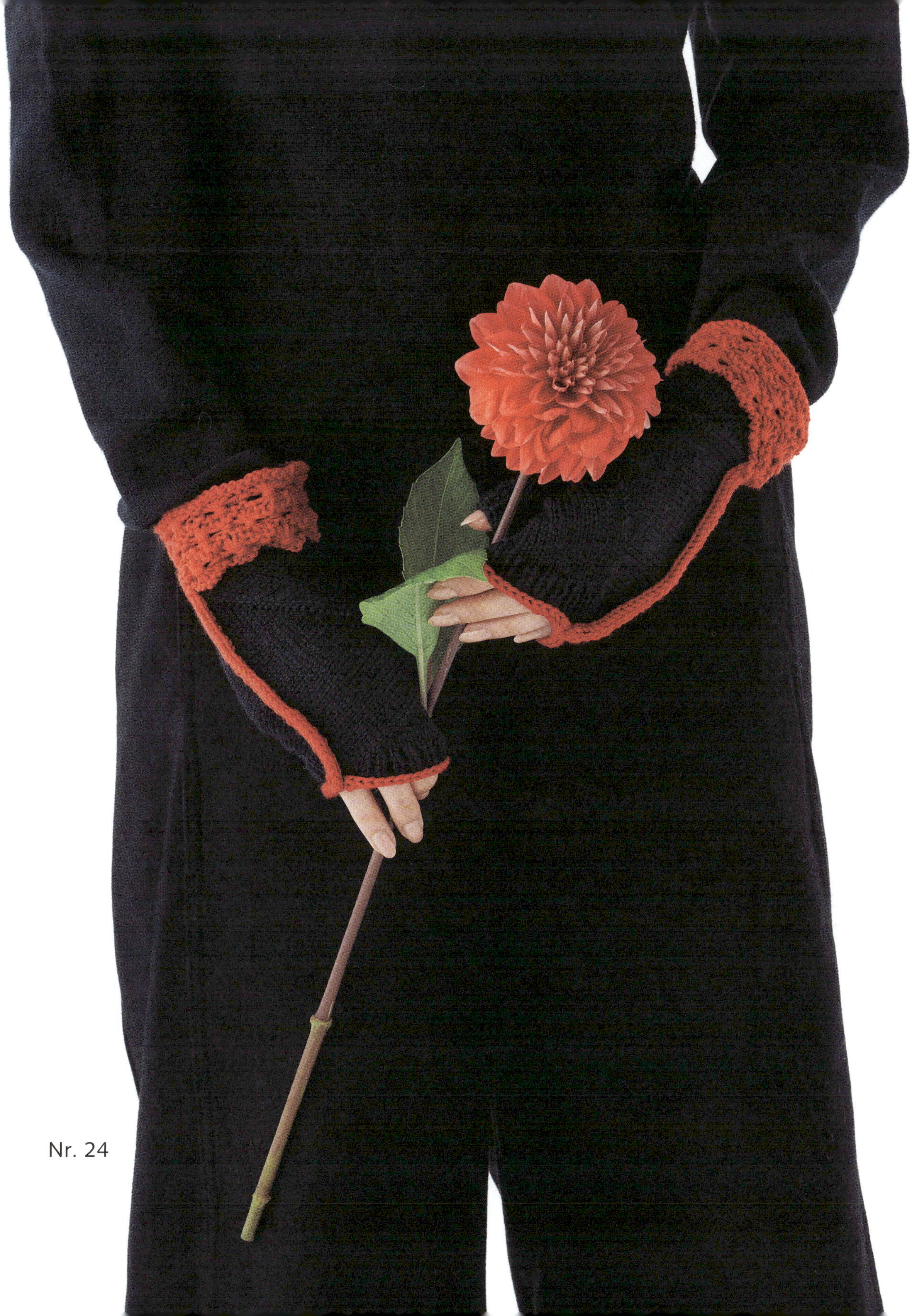

Nr. 24

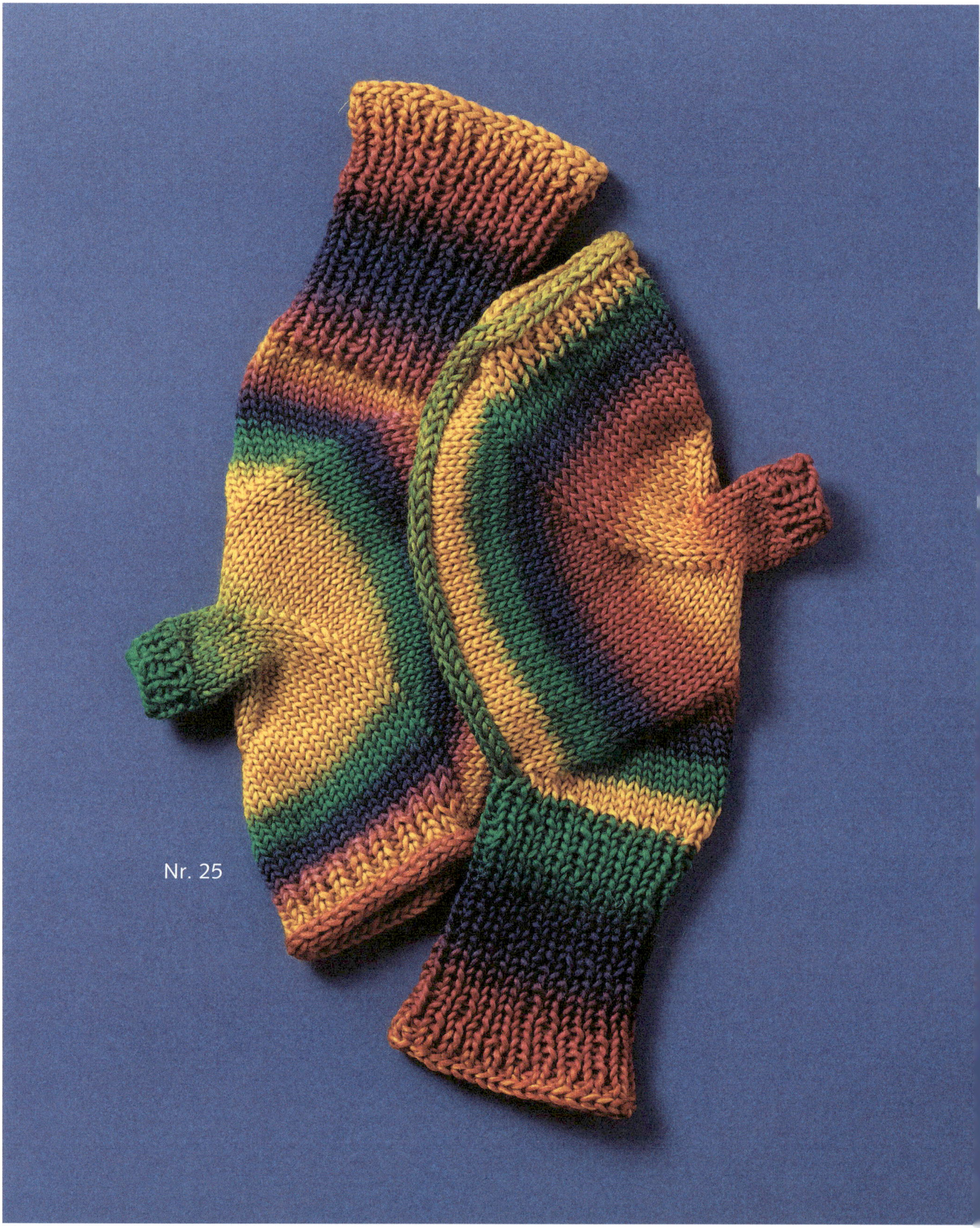

Nr. 25

# Windmill

## Bequeme Windrad-Fäustlinge

Der Farbverlauf wirkt bei diesem Modell mit dem Regenbogengarn „Reggae Ombre" von Schoppel besonders schön.

Anleitung auf Seite 67.

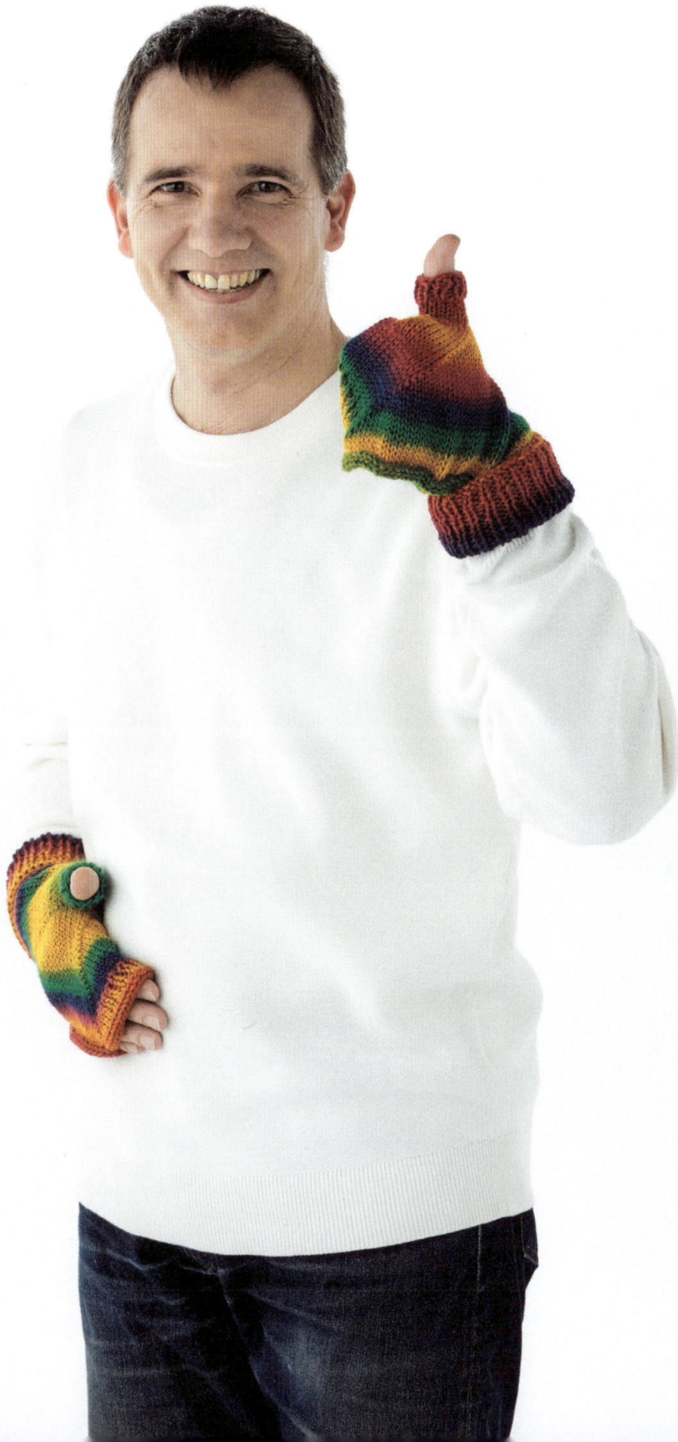

# Spiky

## Stachel-Fäustlinge

Ein bisschen sieht das Modell nach Godzilla aus, dazu ist es schön warm und durch das Stachelmuster besonders elastisch. Das Modell Nr. 28 ist für Papa Godzilla gedacht.
Anleitung auf Seite 78.

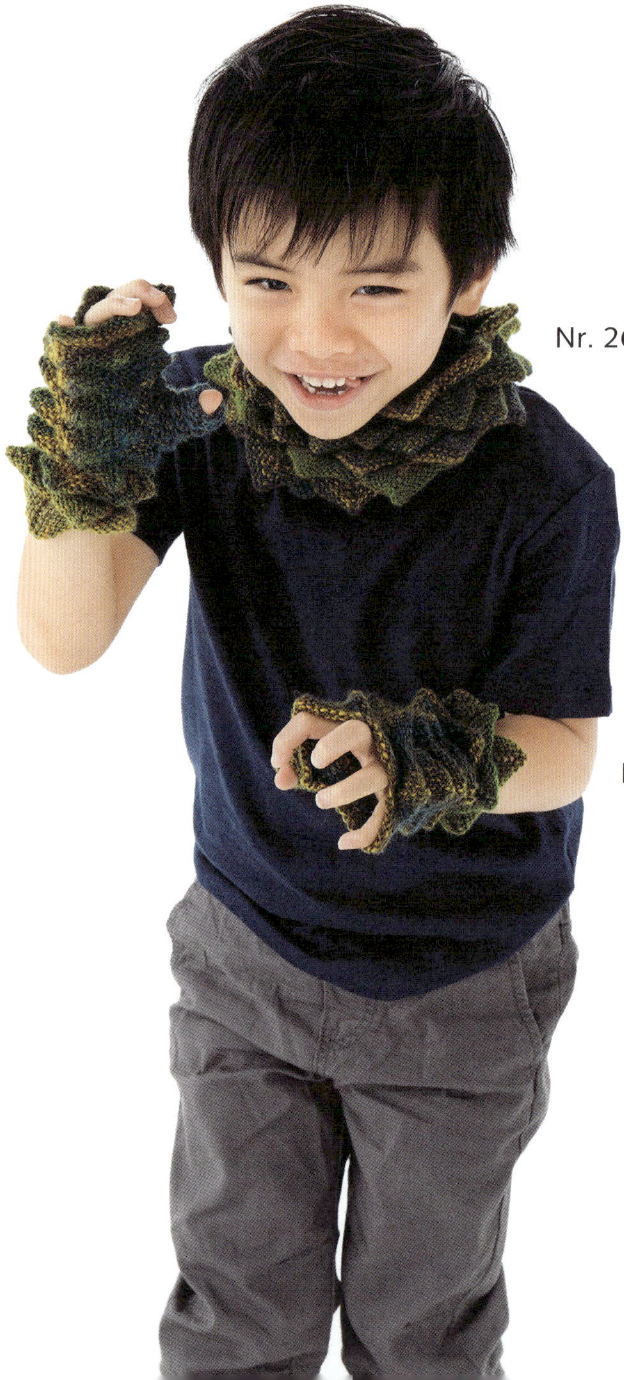

Nr. 26

Nr. 27

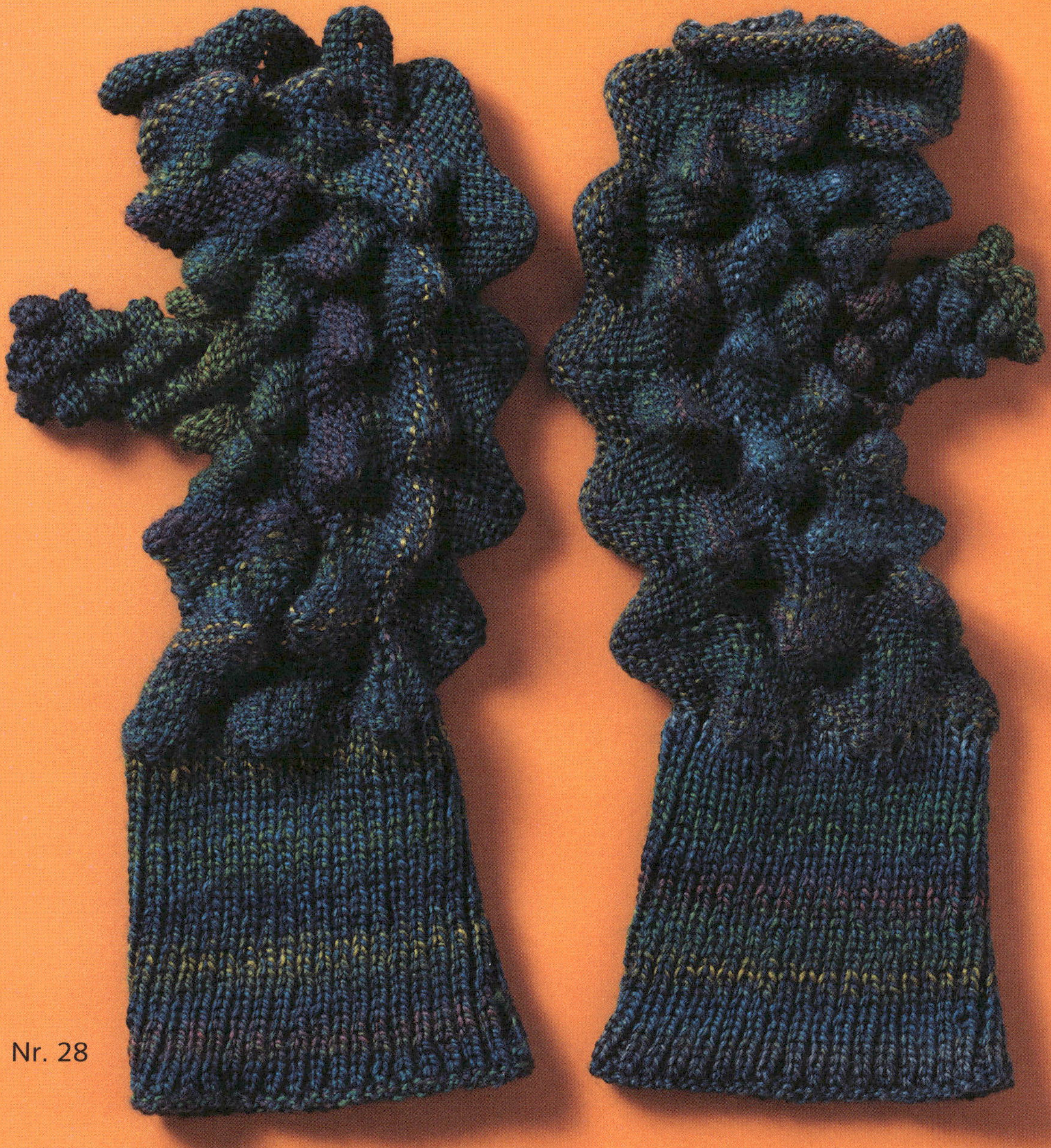

Nr. 28

# Bloom Stripes

## Set mit Streifenmuster

Dieses Set aus Fäustlingen und Mütze wird in meinem selbst entworfenen Garn „Bloom“ in zwei Farben gestrickt.
Anleitung: Nr. 29 auf Seite 64, Nr. 30 auf Seite 75.

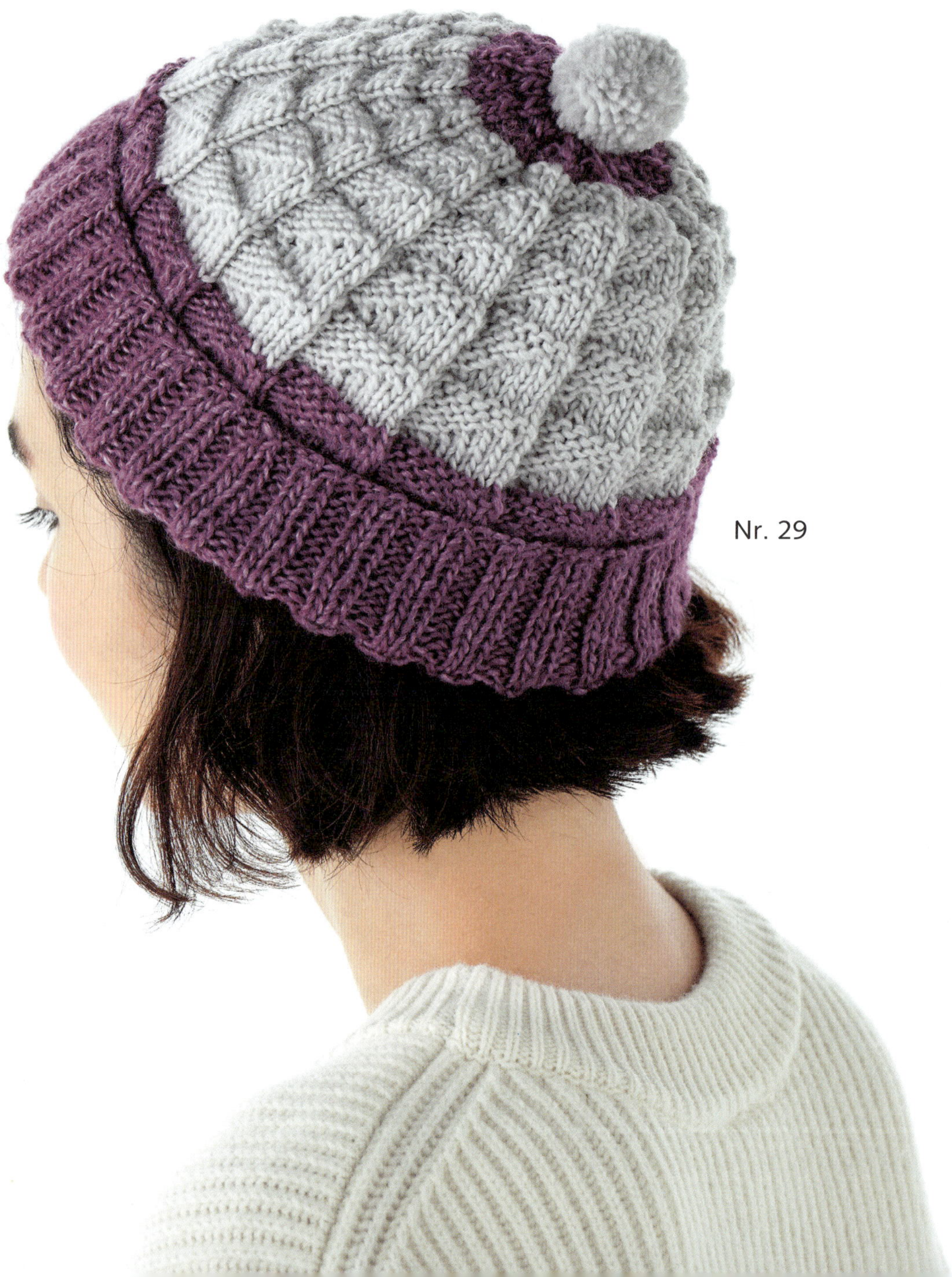

Nr. 29

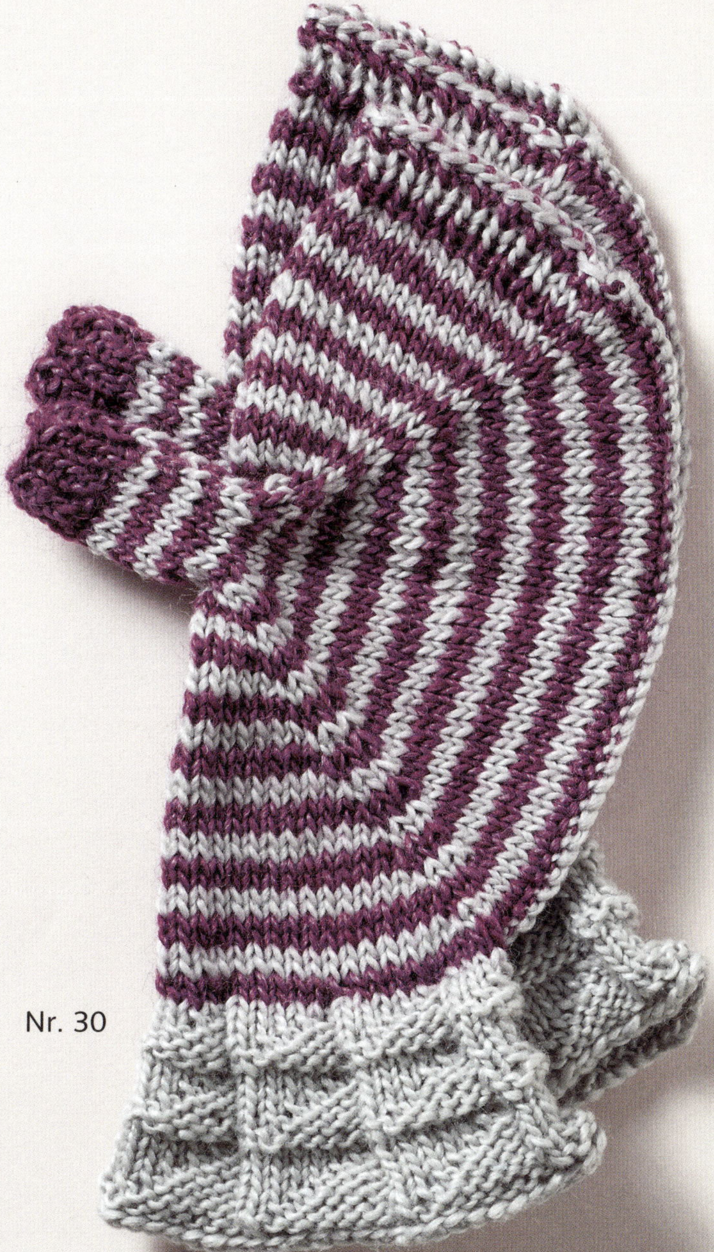

Nr. 30

# Bloom Family Set

## Bloom-Set für die ganze Familie

Hier entstanden aus je einem Knäuel jeder Farbe Handschuhe für eine dreiköpfige Familie. Mit der Mütze im Set wird daraus ein fröhlich-bunter Winterlook!
Anleitungen: Fäustlinge auf Seite 74, Mütze auf Seite 64.

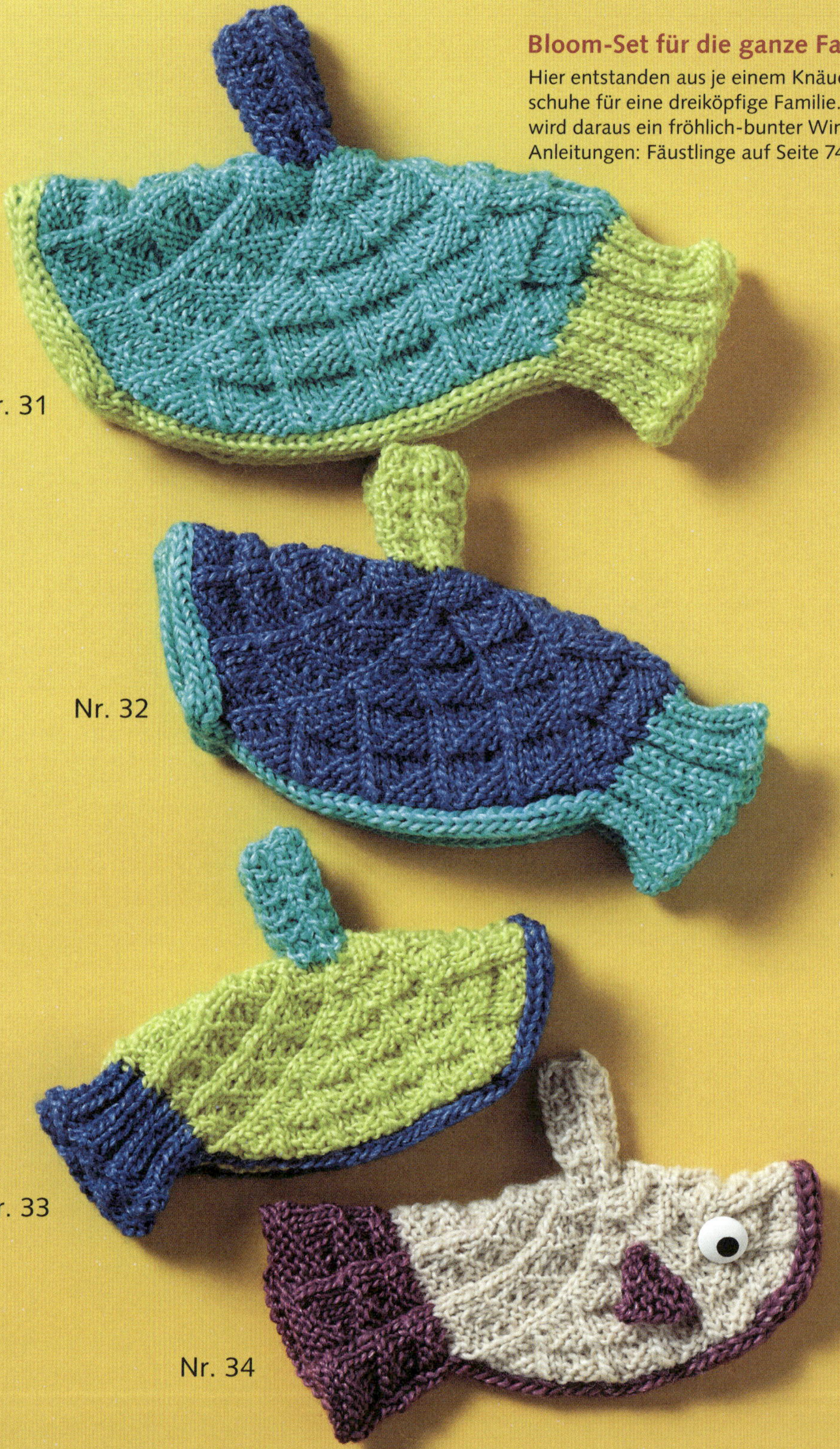

Nr. 31

Nr. 32

Nr. 33

Nr. 34

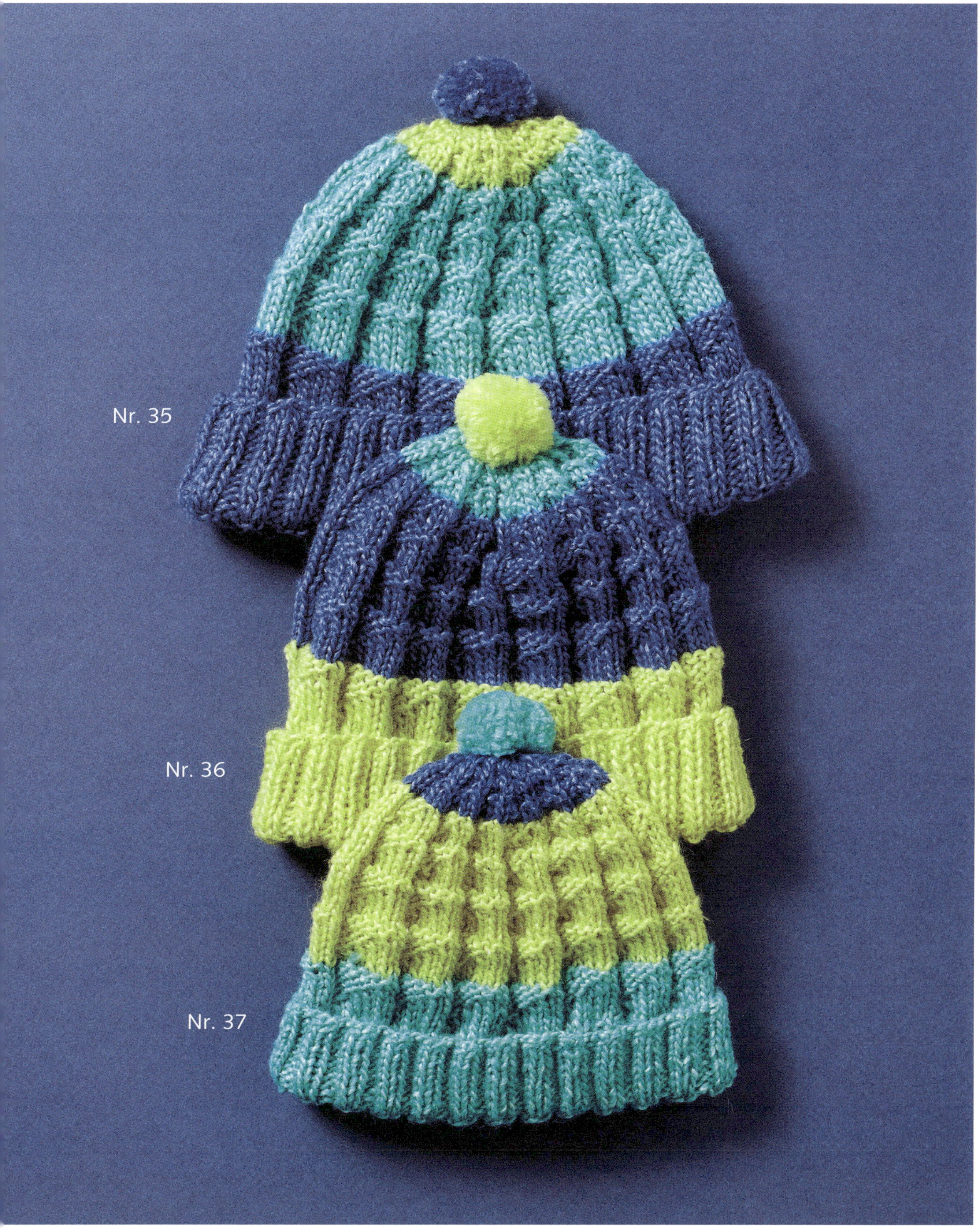
Nr. 35
Nr. 36
Nr. 37

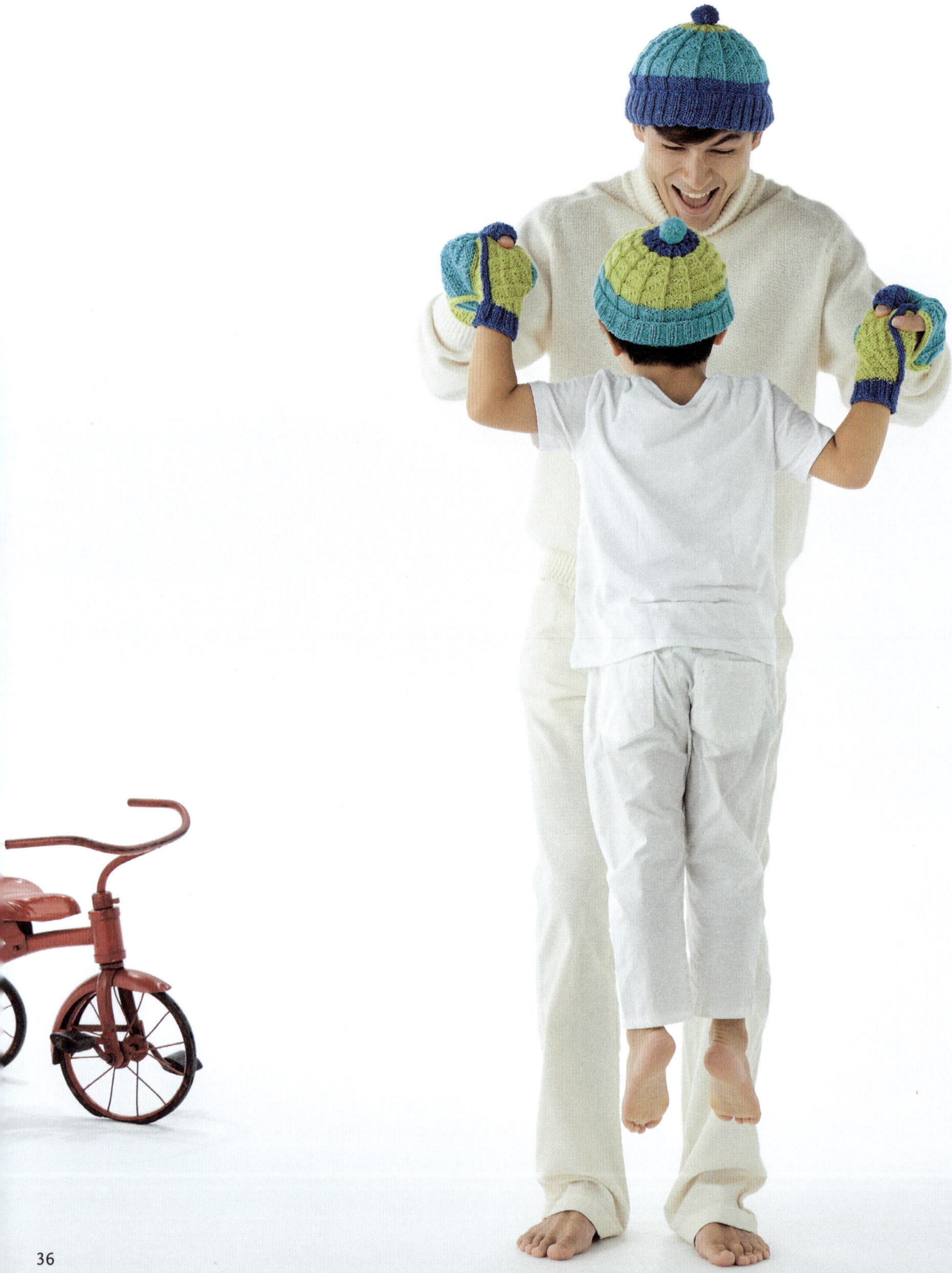

# Koinobori

## Fisch-Fäustlinge

Mit Auge und Flosse wird der Fäustling zum Fisch! Hält auch an kühlen Tagen die Hände auf dem Fahrrad schön warm.
Anleitung auf Seite 74.

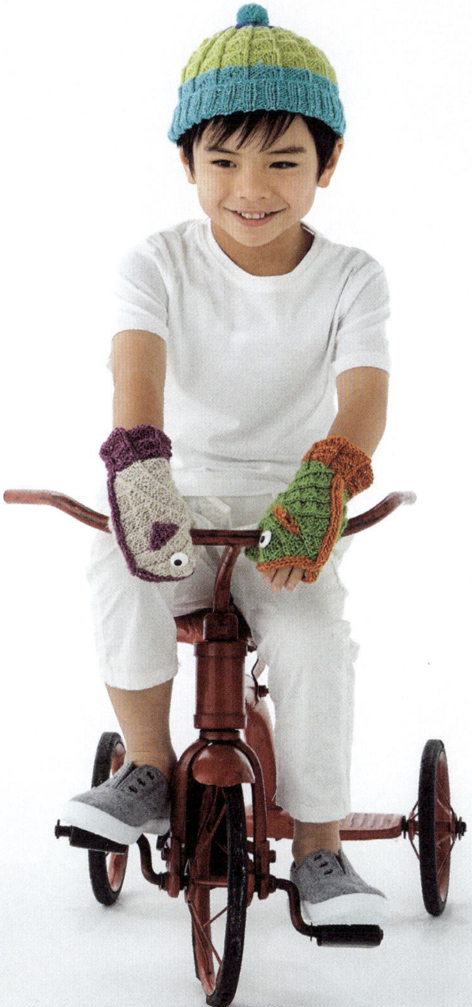

Herren-Fäustlinge: Nr. 31
Kinder-Fäustlinge: Nr. 33
Herrenmütze: Nr. 35
Kindermütze: Nr. 37
Kinder-Fisch-Fäustlinge: Nr. 34 (rechts), Nr. 38 (links)

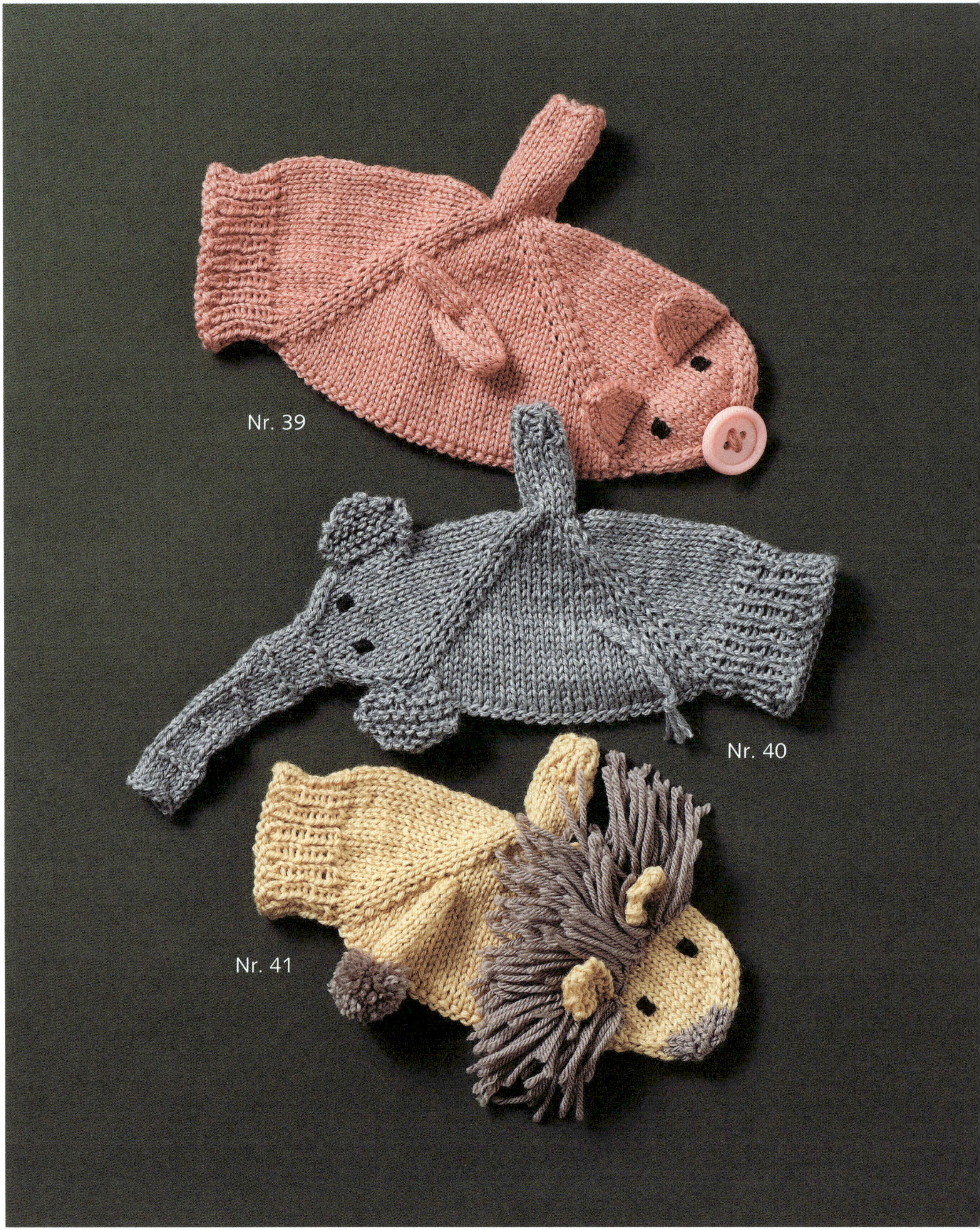
Nr. 39
Nr. 40
Nr. 41

# Puppets

## Handpuppen

Ganz nach Lust und Laune wird der Handschuh hier zu einem Schwein, einem Elefanten oder einem Löwen! Die Anleitung für das Schweinchen bezieht sich auf eine Erwachsenengröße.
Anleitungen auf Seite 76.

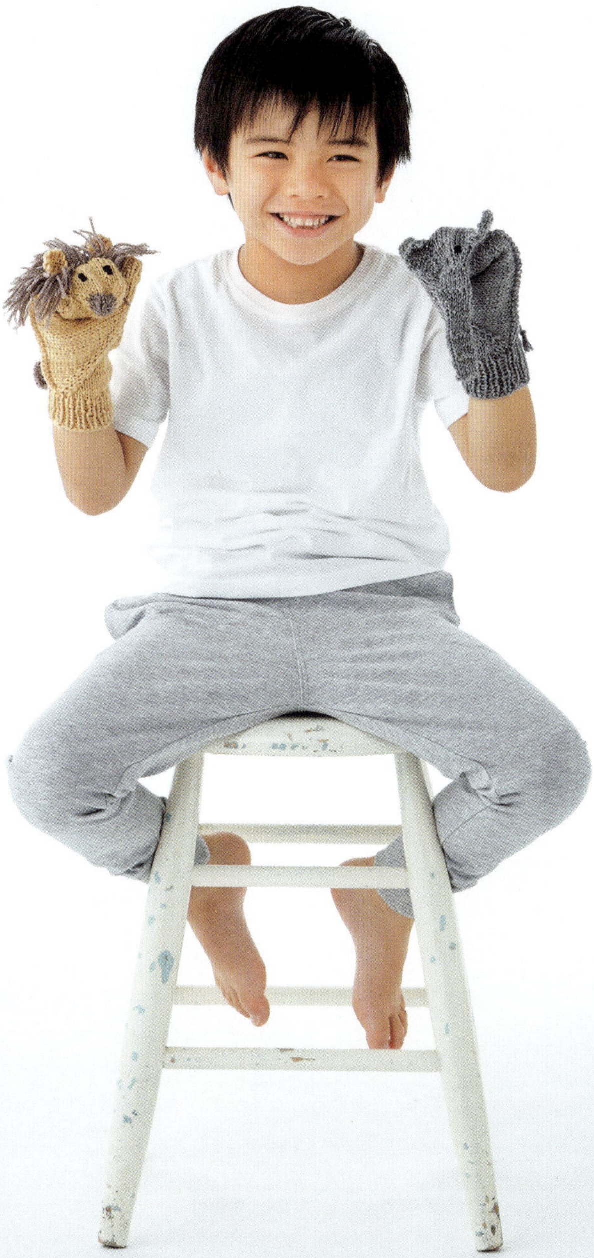

# Hurdle Stitch

## Fäustlinge im Waffelmuster

Dieses unübertroffen elastische Muster wirkt in einem Regenbogengarn genauso hübsch wie in einem einfarbigen. Auch für Anfänger geeignet.
Anleitung auf Seite 70.

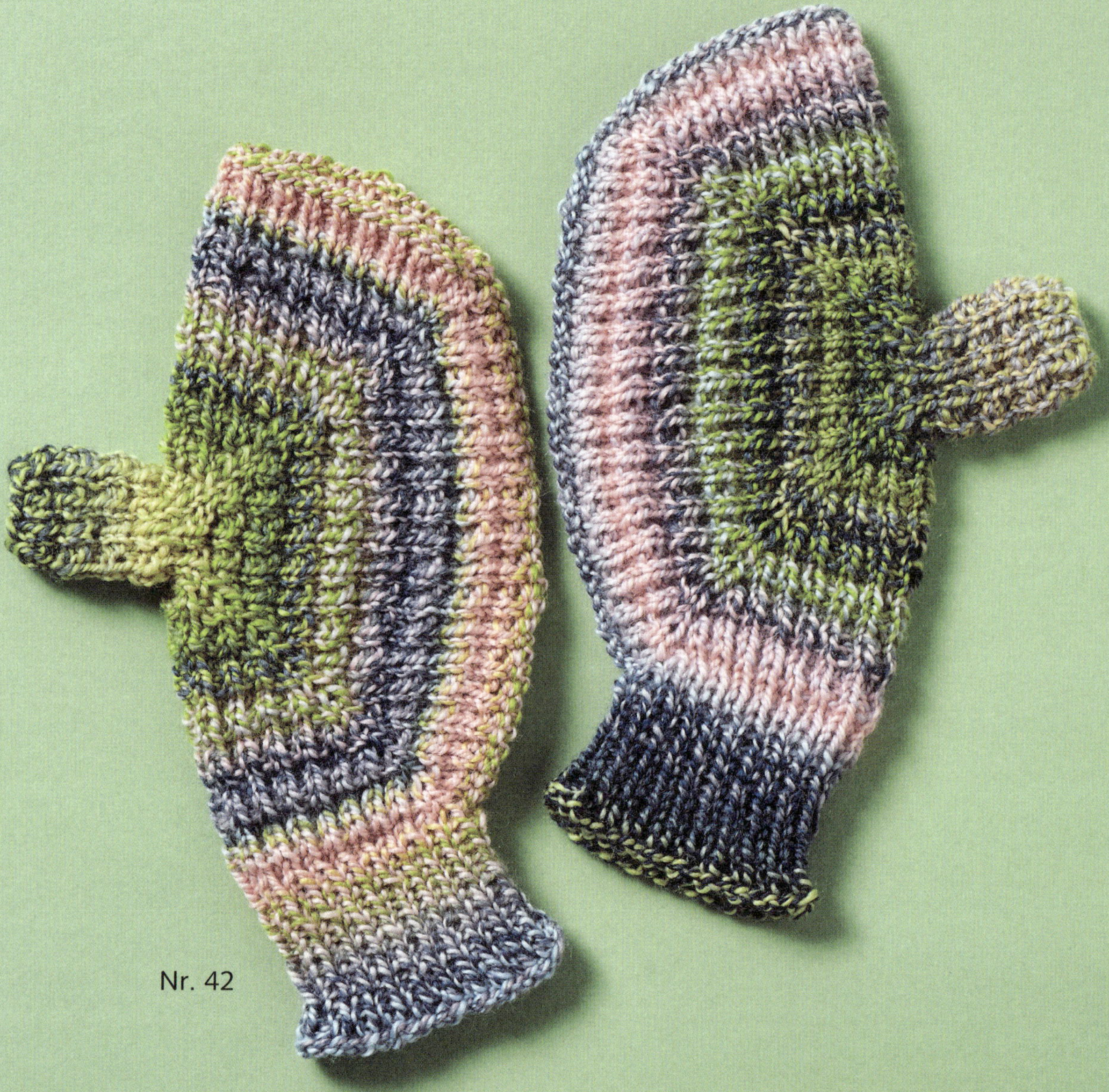

Nr. 42

## Fäustlinge mit Zopfmuster

Durch die Windrad-Form schlingen sich die Zöpfe hier um die ganze Hand. Anleitung auf Seite 71.

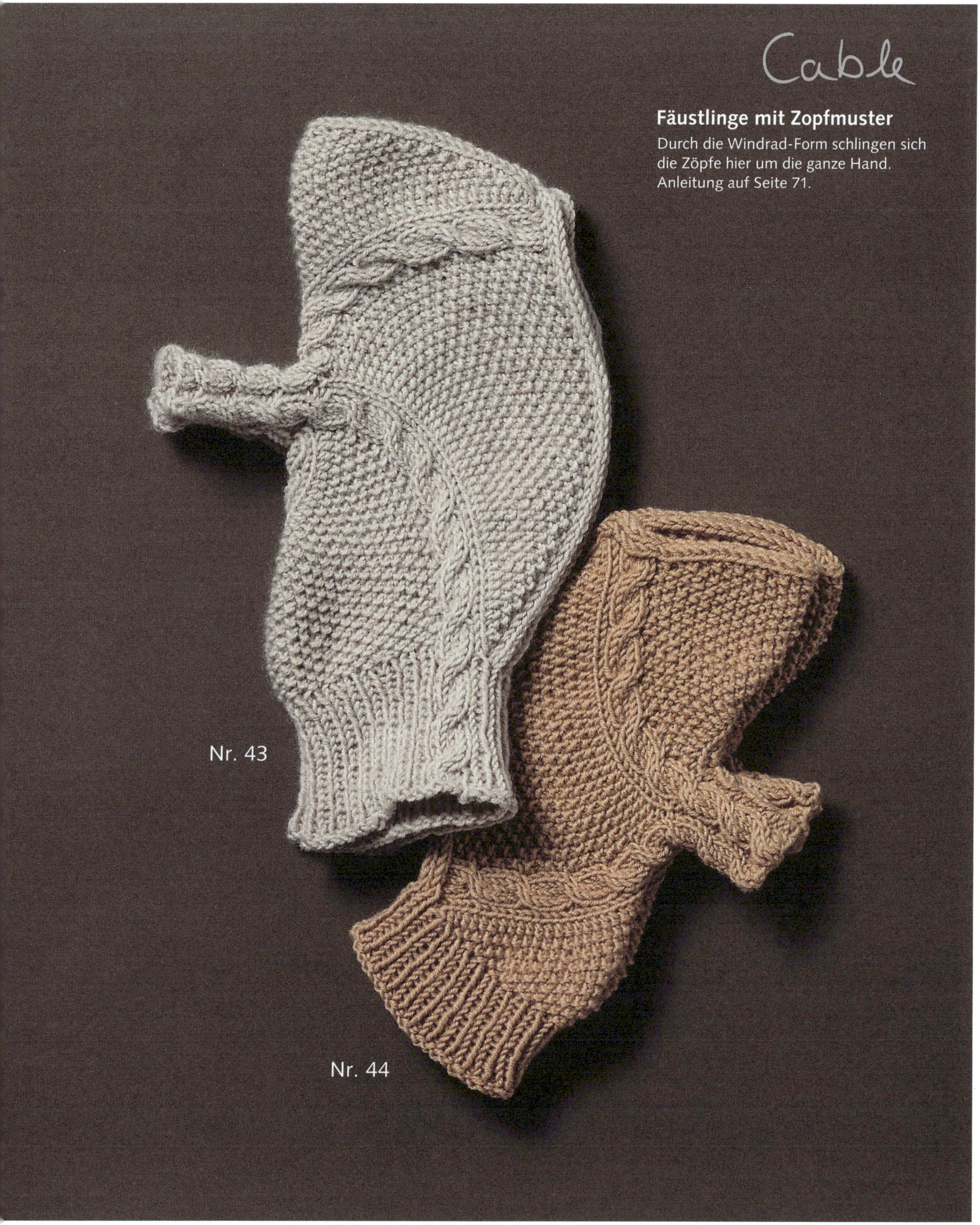

# Sheep

## Schafe

Hier habe ich meine Lieblingstiere in einem Set aus Fäustlingen und Mütze verewigt.
Anleitungen auf Seite 60–61.

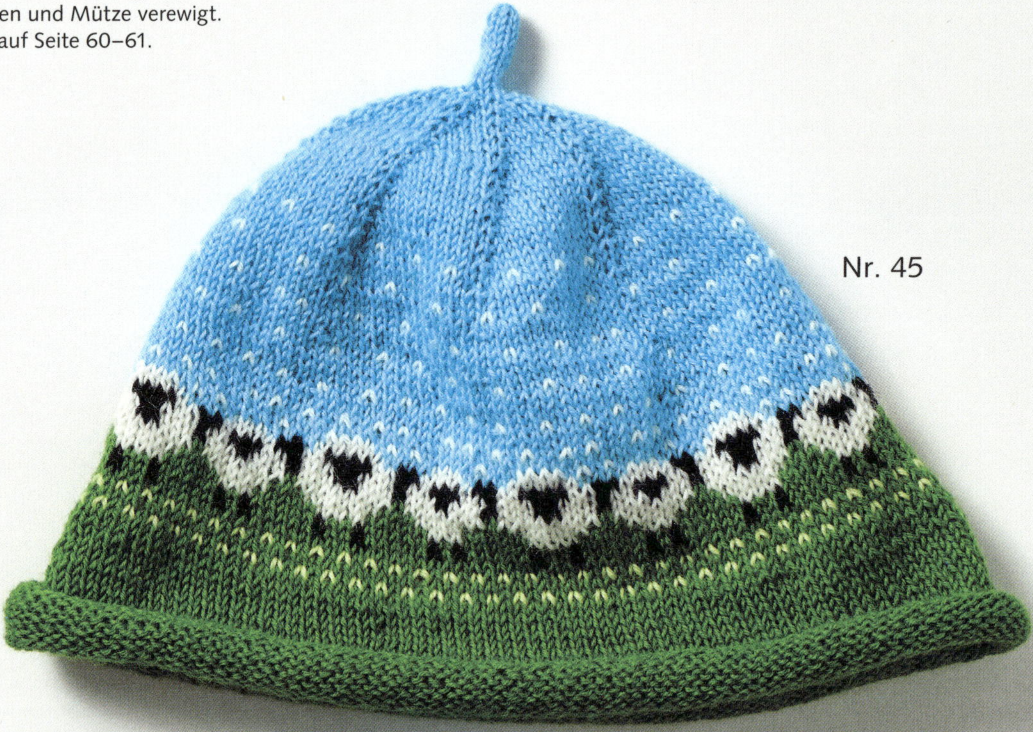

Nr. 45

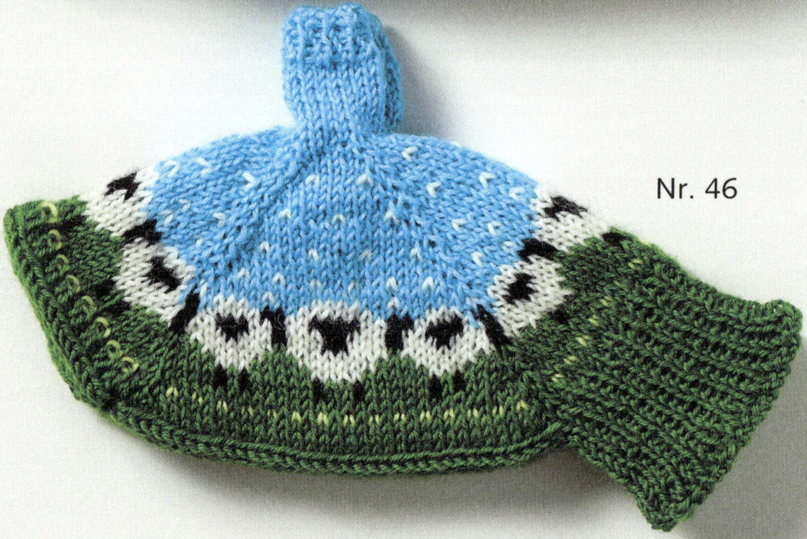

Nr. 46

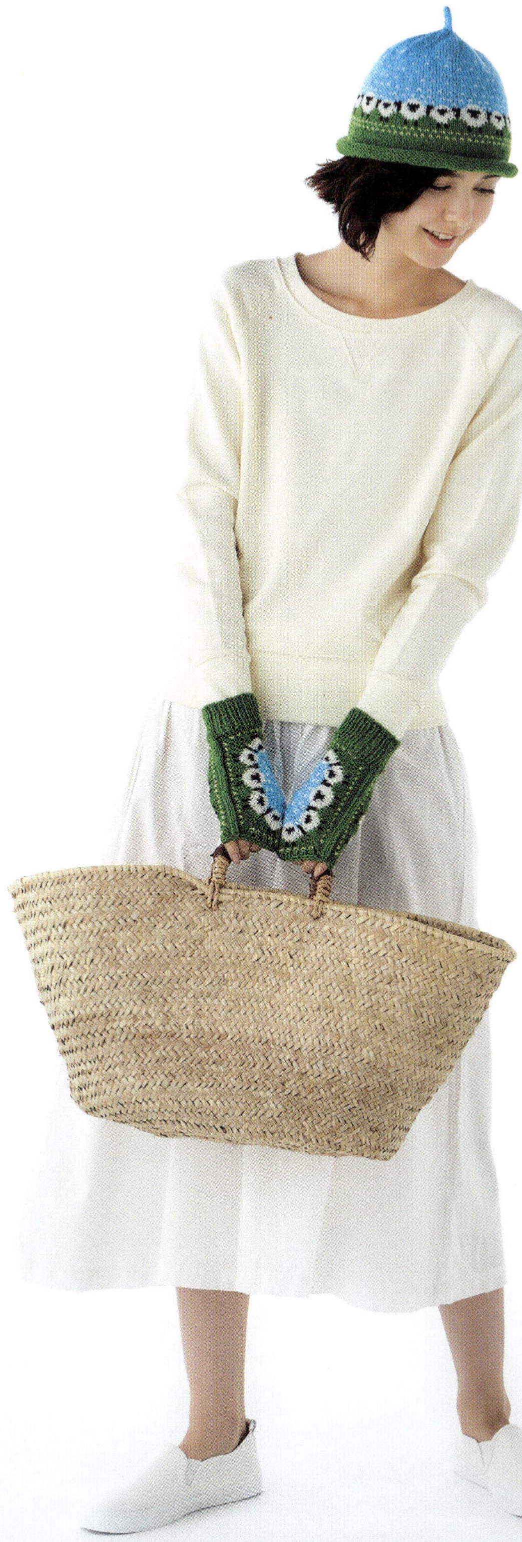

Omene Lace

## Fäustlinge mit Spitzenmuster „Omene“

Meine Urgroßmutter, die den Spitznamen „Omene“ trug, hat dieses Muster oft verwendet. Es eignet sich gut für luftige Fäustlinge in einem Sommergarn.

Anleitung auf Seite 81.

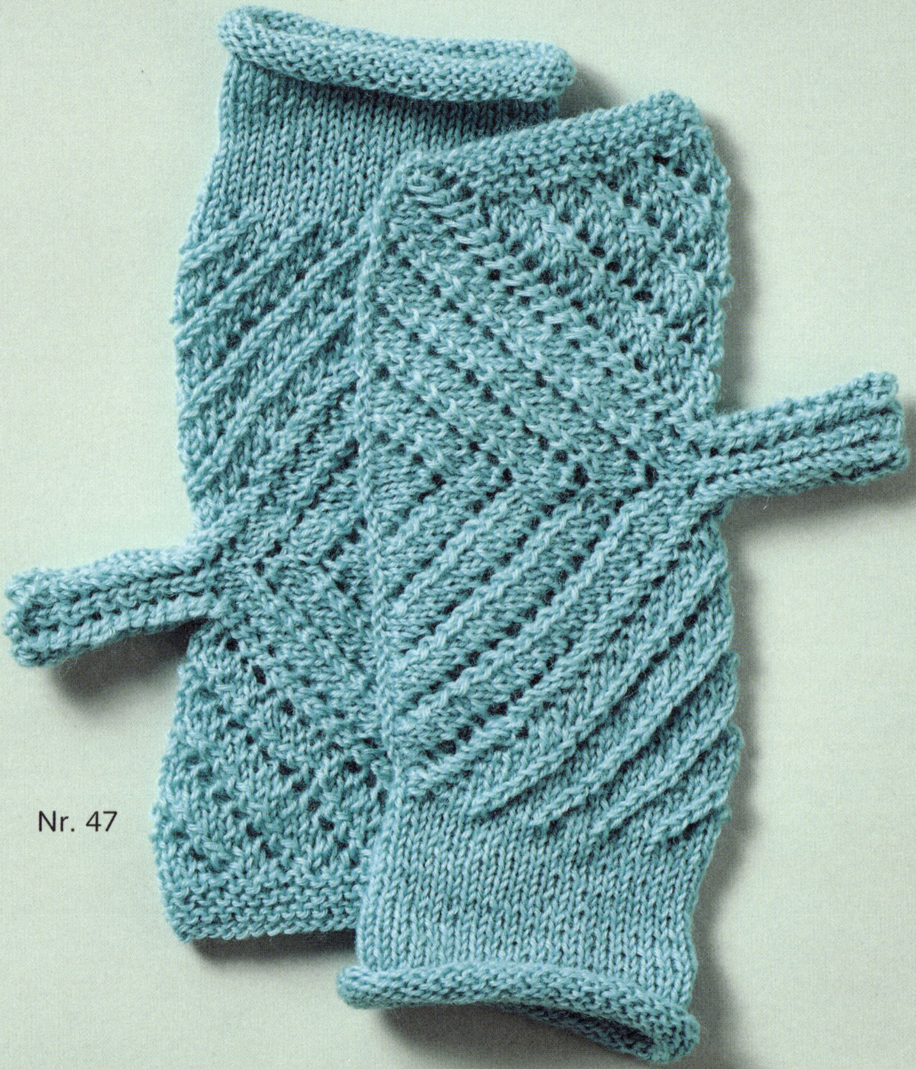

Nr. 47

Wedding Gloves

## Brauthandschuhe

Weil die Fingerspitzen nicht bedeckt sind, muss die Braut diese duftigen Handschuhe nicht einmal zum Ringanstecken ausziehen. Anleitung auf Seite 82.

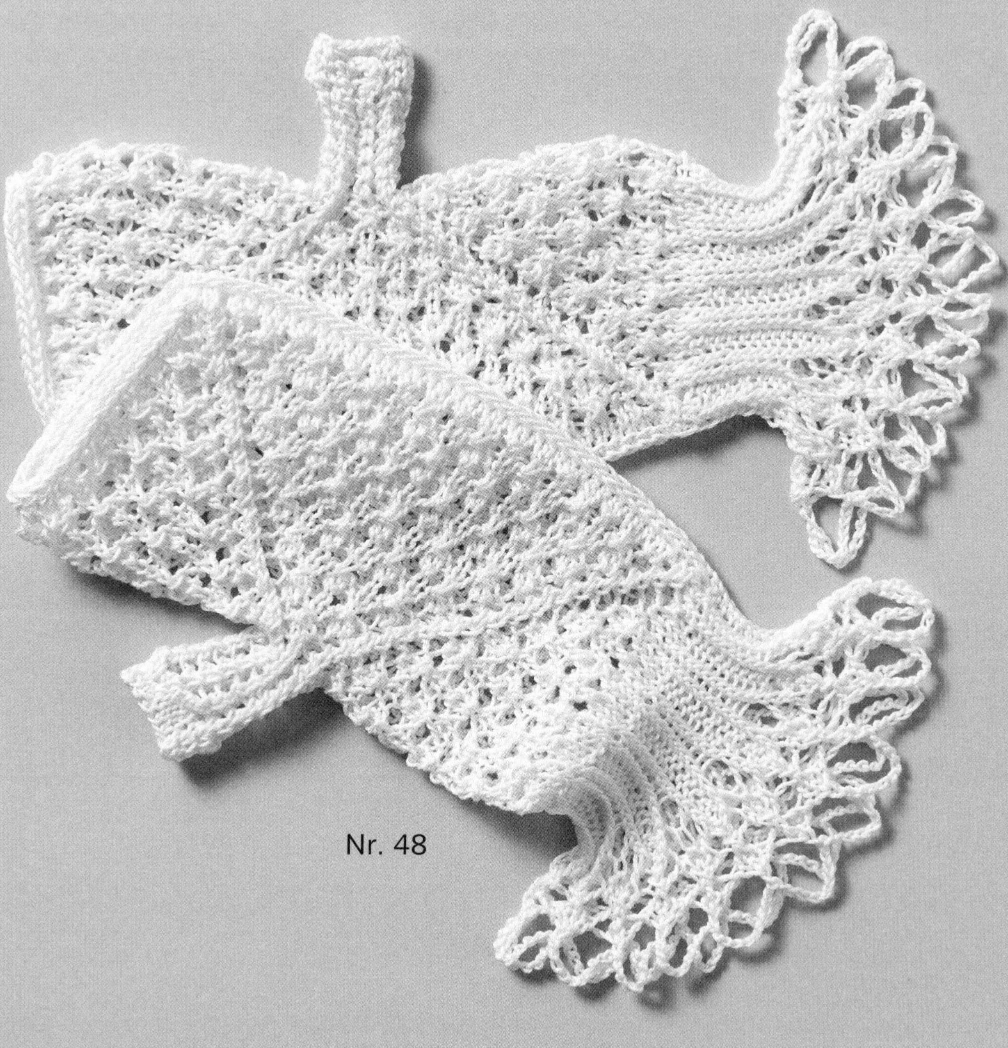

Nr. 48

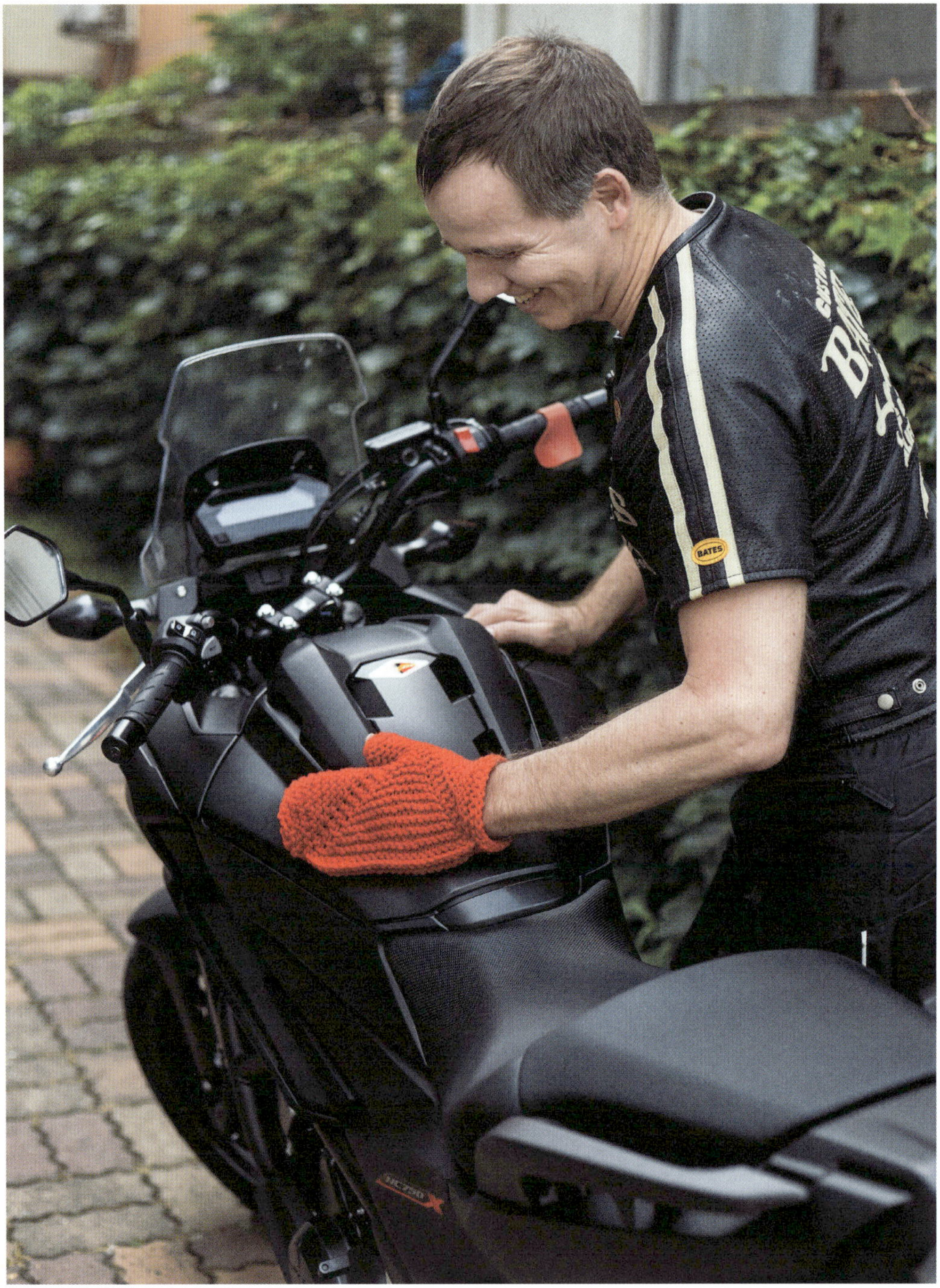


Nr. 49

Nr. 50

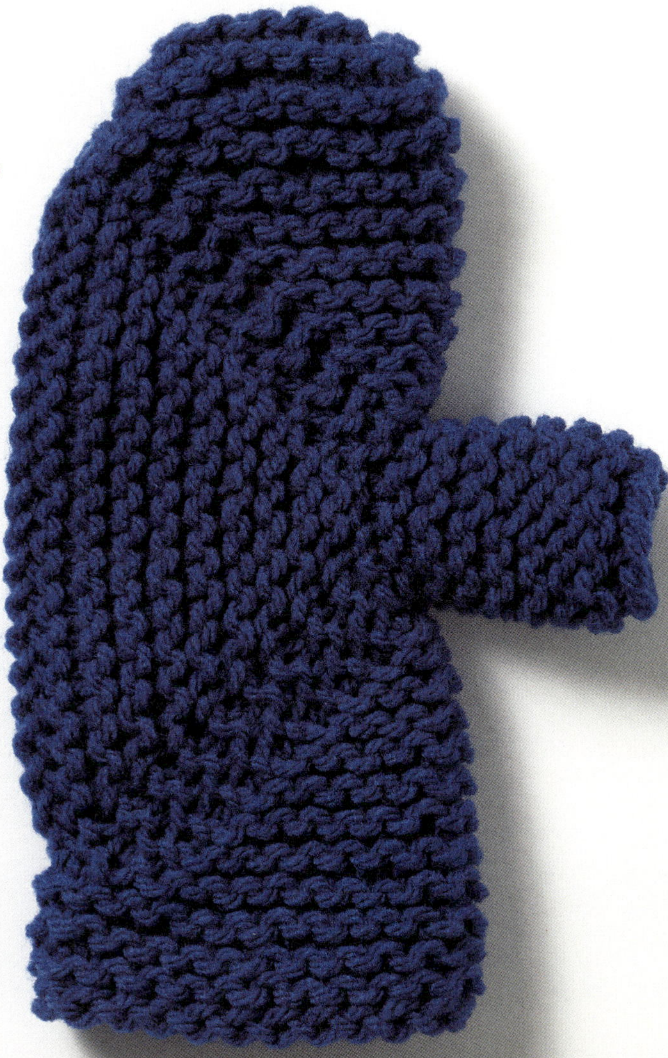

# Wash Mitten

**Putzhandschuh**

Dieses Modell ist aus dickem Acrylgarn schnell gestrickt. Ich als Honda-Fan finde ihn besonders schön in einem kräftigen Farbton namens „Honda Red“.
Anleitung auf Seite 83.

# Basic Grundmuster „Dreieck“ und „Windrad“

### Daumen stricken

1 Mit 2 Stricknadeln im Kreuzanschlag (siehe S. 54) 16 M aufnehmen. Die Anzahl der angegebenen M hängt von der gewünschten Größe ab, sie muss aber durch 4 teilbar sein.

2 Die Anschlag-M auf 4 Nadeln verteilen und zur Rd schließen.

3 5 Rd im einfachen Rippenmuster (1 M re, 1 M li im Wechsel) stricken, dann 12 Rd glatt re stricken.

### Hauptteil stricken

4 Dreieck (siehe S. 50–51):
29 Rd glatt re stricken, dabei in jeder 2. Rd hinter der ersten und vor der letzten M jeder Nadel aus dem Querfaden eine M verschränkt zunehmen (siehe S. 55).
Windrad (siehe S. 52–53):
29 Rd glatt re stricken, dabei in jeder Rd aus der ersten Masche jeder Nadel 2 M herausstricken (KFB-Zunahme siehe S. 55).
* Nach den Zunahmen bei beiden Grundformen an der Fingerspitzenkante A 5 Rd im einfachen Rippenmuster fortfahren, an den Seiten B, C und D weiter glatt re stricken.

5 Bei der Dreieckform ist nun auf jeder Nadel ein gleichschenkliges Dreieck entstanden, bei der Windradform ein fließendes Dreieck.

### Isländisch abketten

6 Die 38 M an der Fingerspitzenkante isländisch abketten (siehe S. 57).

7 Die letzte M der Fingerspitzenkante stilllegen und die beiden Nadeln mit den Teilen B und D parallel halten.

8, 9 Die M der hinteren Nadel einzeln durch die M der vorderen Nadel ziehen und auf eine einzelne Nadel legen (Kabusehagi-Technik siehe S. 55).

10, 11 Stricknadel durch die in Schritt 7 stillgelegte M stechen und die Handkantenseite isländisch abketten.
Die 38 Bündchenmaschen (C) auf 4 Nadeln verteilen, 12 Runden im einfachen Rippenmuster stricken
12 und isländisch abketten.

Auf dieselbe Weise den zweiten Handschuh stricken.

* Auf den Seiten 56–57 werden drei elastische und hübsch anzusehende Abketträder vorgestellt. Alle Methoden eignen sich hier zum Abketten.

### Grundausrüstung

**Nadelspiel und Maschenstopper:** Zum Losstricken brauchen Sie eigentlich nur ein Nadelspiel aus 5 Stricknadeln. Damit die mühsam gestrickten Maschen nicht versehentlich von der Nadel rutschen, können Sie zusätzlich noch Maschenstopper auf die Spitzen stecken.

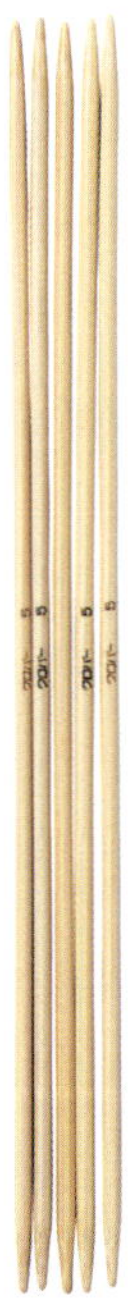

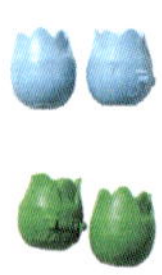

### Praktisches Zubehör

**Kurzes Nadelspiel:** Da der Daumenteil über wenige Maschen gestrickt wird, ist hier ein kurzes Nadelspiel praktisch.
**Rundnadeln 40 und 60 cm:** Wenn durch die Zunahmen sehr viele Maschen auf den Nadeln liegen, strickt es sich einfacher mit einer Rundnadel.
**Rundenmarkierer:** Wird auf die Rundnadel geschoben und trennt die Teile voneinander, die sonst auf einer Nadel des Nadelspiels liegen.
**Maschenmarkierer:** Wird in die gestrickte Masche eingehängt, um bestimmte Runden zu markieren.
**Zopfmusternadel:** Beim Stricken von Zopfmustern werden einzelne Maschen auf diese Nadel gelegt.
**Häkelnadel:** für Häkelkanten.
**Stopfnadel:** zum Versäubern des Garnes.

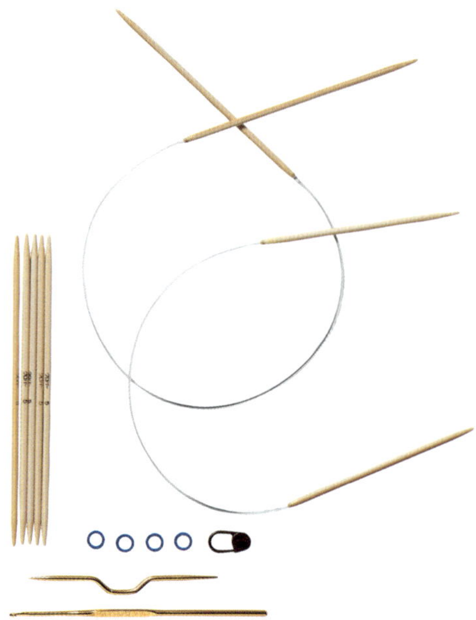

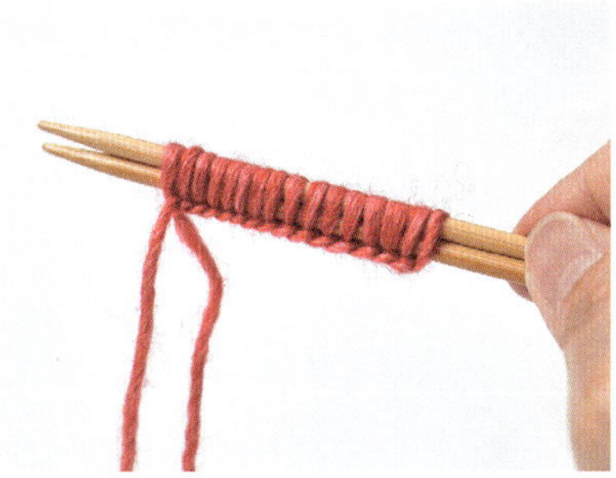

1 16 M im Kreuzanschlag aufnehmen.

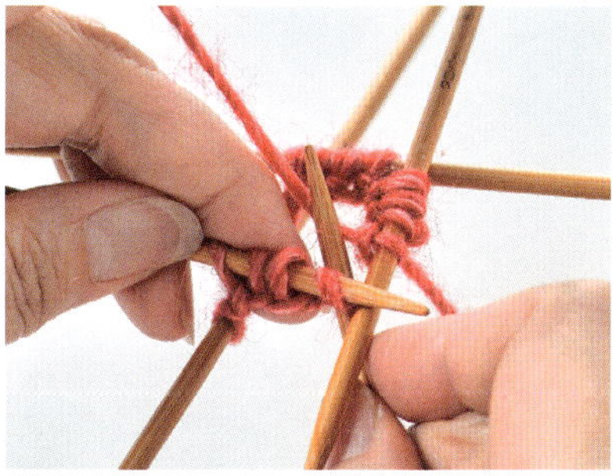

2 Die M auf 4 Nadeln verteilen und mit der 5. zur Rd schließen.

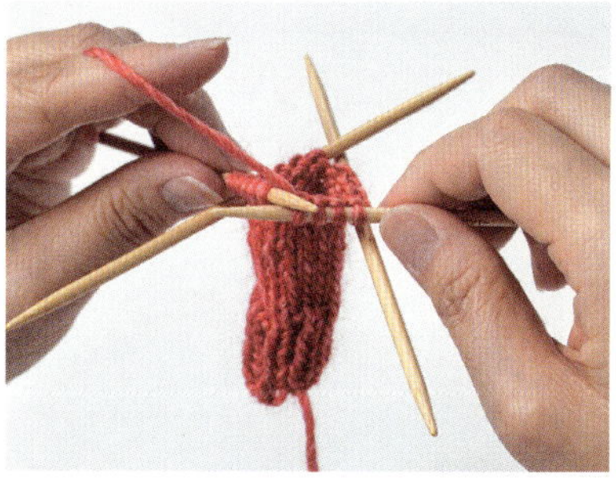

3 Den Daumen stricken.

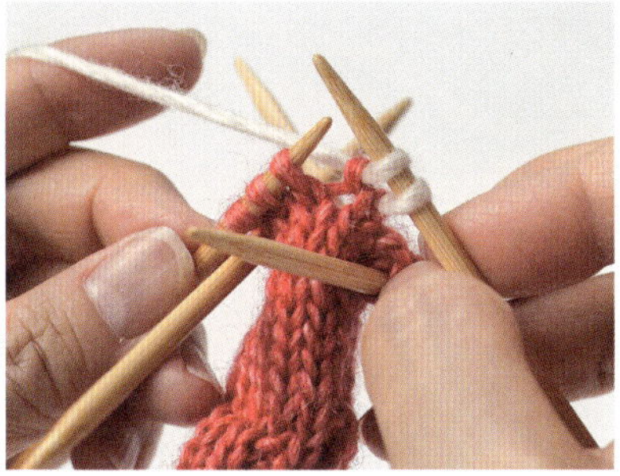

4. Den Hauptteil stricken, dabei verschränkte Zunahmen oder KFB-Zunahmen durchführen.

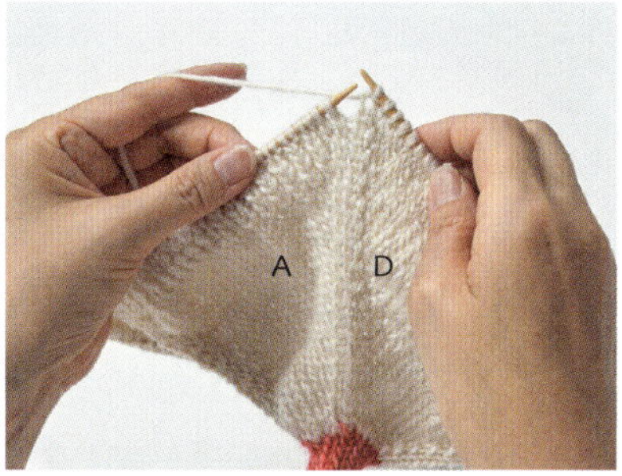


5 Der Hauptteil ist fertig. Bei der Dreieckform hat jeder der vier Teile die Form eines gleichschenkligen Dreiecks.

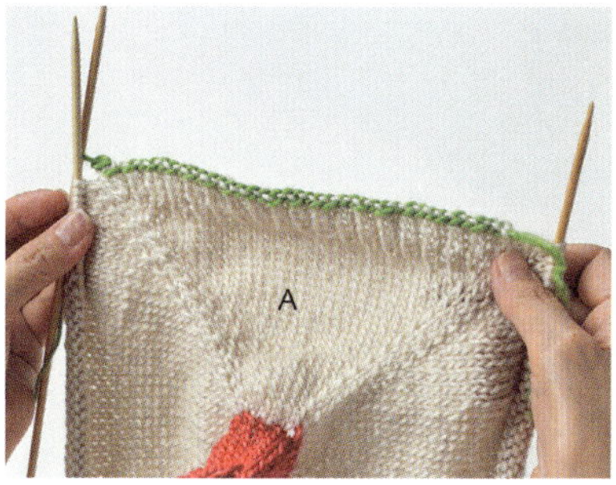


6 Die 38 M an der Fingerspitzenkante isländisch abketten.

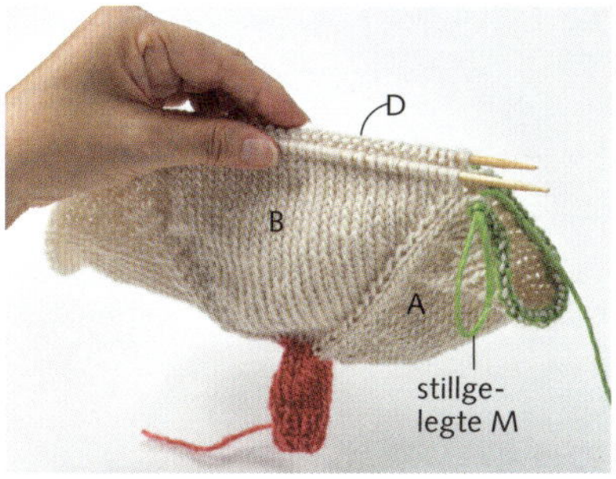


7. Die letzte M der Fingerspitzenkante stilllegen und die beiden Nadeln mit den Teilen B und D parallel halten.

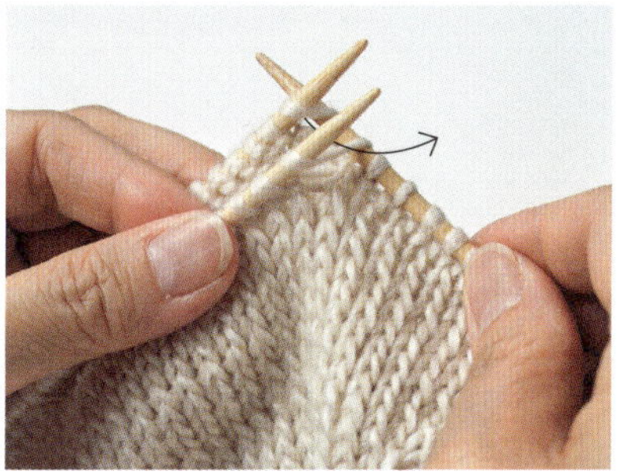

8 In die M auf der vorderen Nadel stechen und die M auf der hinteren Nadel durchziehen, sodass 1 M auf der rechten Nadel liegt (Kabusehagi-Technik).

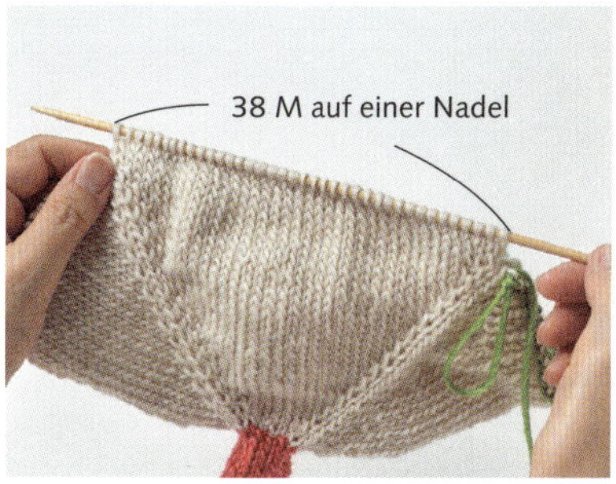


9 Die M der beiden Nadeln liegen nun auf einer Nadel.

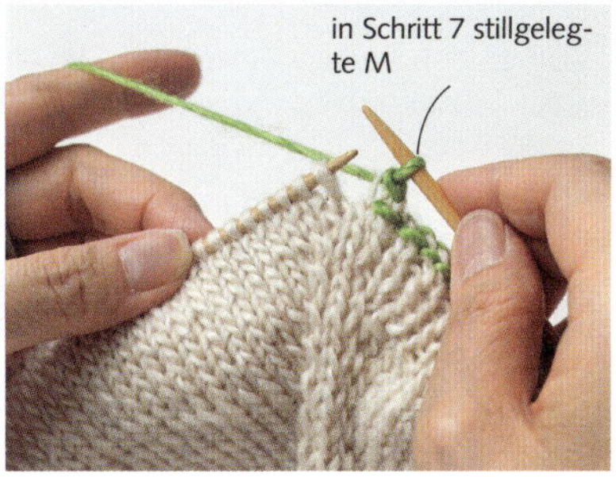


10 Die stillgelegte M auf die Nadel nehmen und die Handkante isländisch abketten.

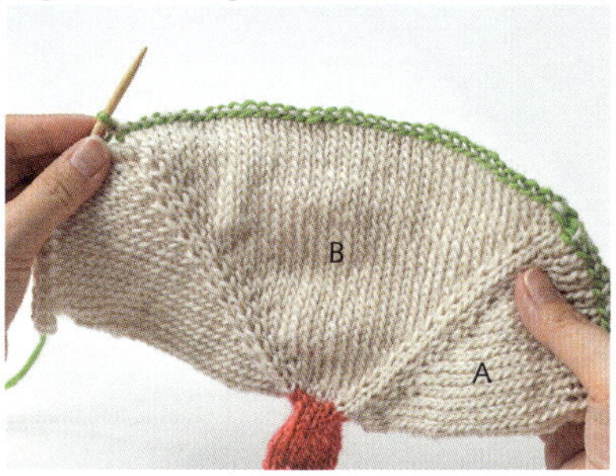


11 Die M der Handkantenseite im Hauptteil sind nun abgekettet.

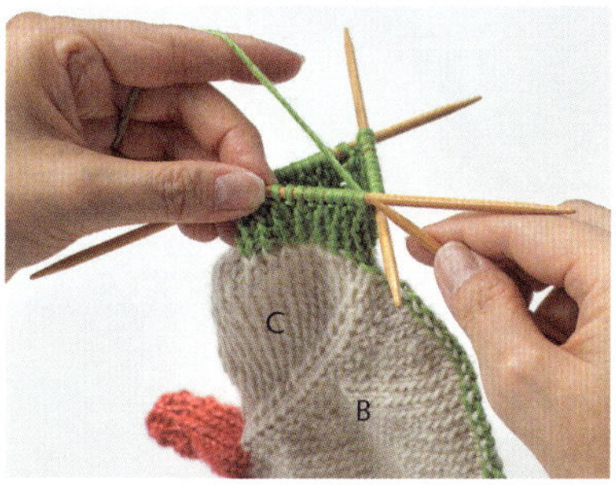


12 Mit den übrigen M in Rd im Bündchenmuster fortfahren (Foto: einfaches Rippenmuster) und nach der gewünschten Länge isländisch abketten.

* Zum besseren Verständnis habe ich hier mit einer Kontrastfarbe abgekettet. Bei den Modellen wird mit dem gleichen Garn weitergestrickt.

# Triangle

## Einfache Dreieck-Fäustlinge (Nr. 1)

**Wolle:** Olympus Make Make Socks, Regenbogengarn in Rot und Blau (905), 35 g
**Nadeln:** Nadelspiel Stärke 3,5
**Zubehör:** Maschenstopper, Stopfnadel
**Maschenprobe:** 24 M x 34 R glatt re = 10 x 10 cm
**Maße:** Handumfang 20 cm, Länge 19,5 cm

**Strickanleitung**
Siehe Seite 6–9, 48/49, 54–57

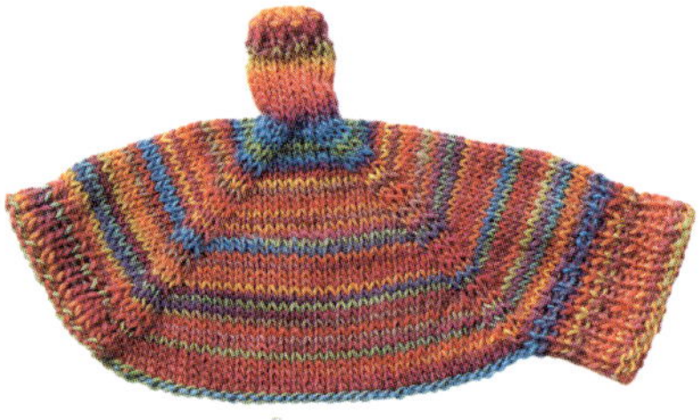

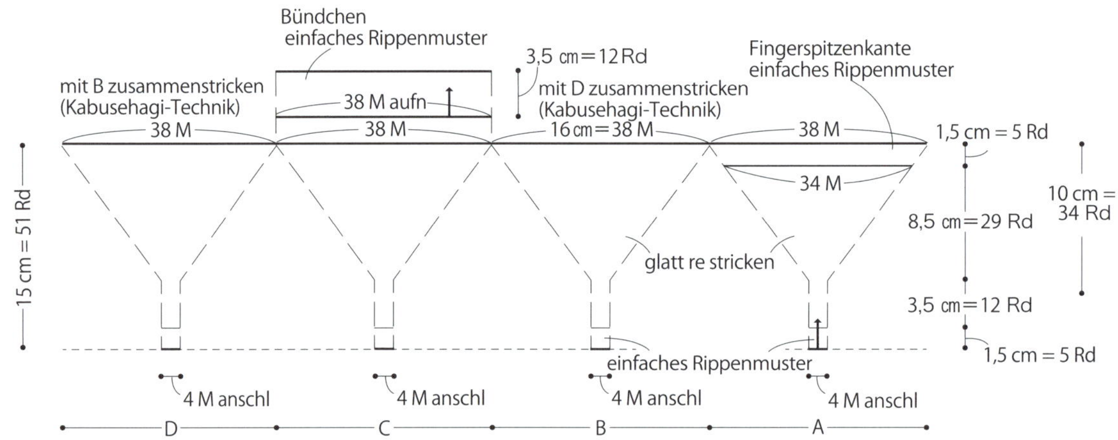


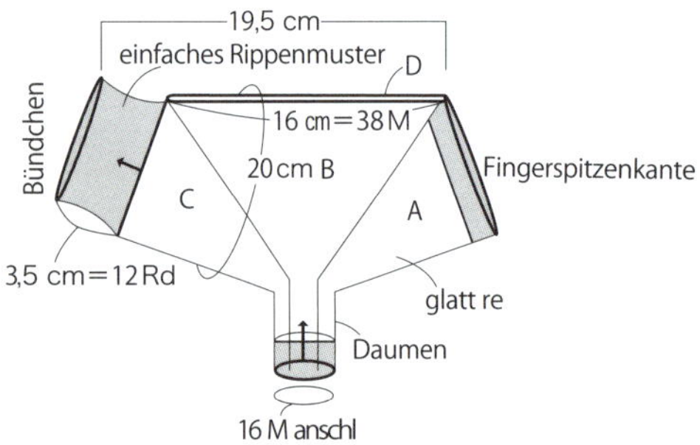

## Einfache Dreieck-Fäustlinge: Strickdiagramm und Zunahmen

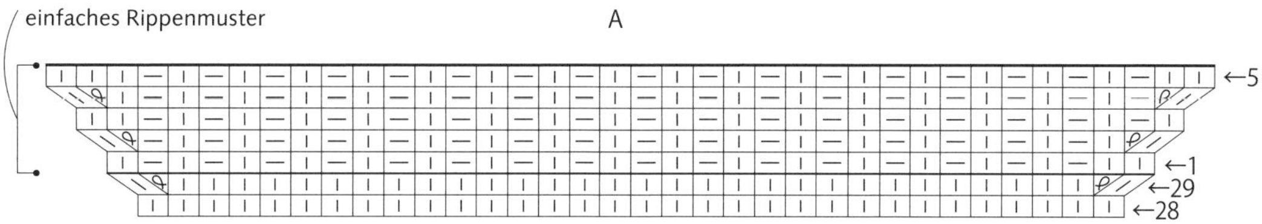


* Anschlag-M bis 27. Rd wie B, C, D

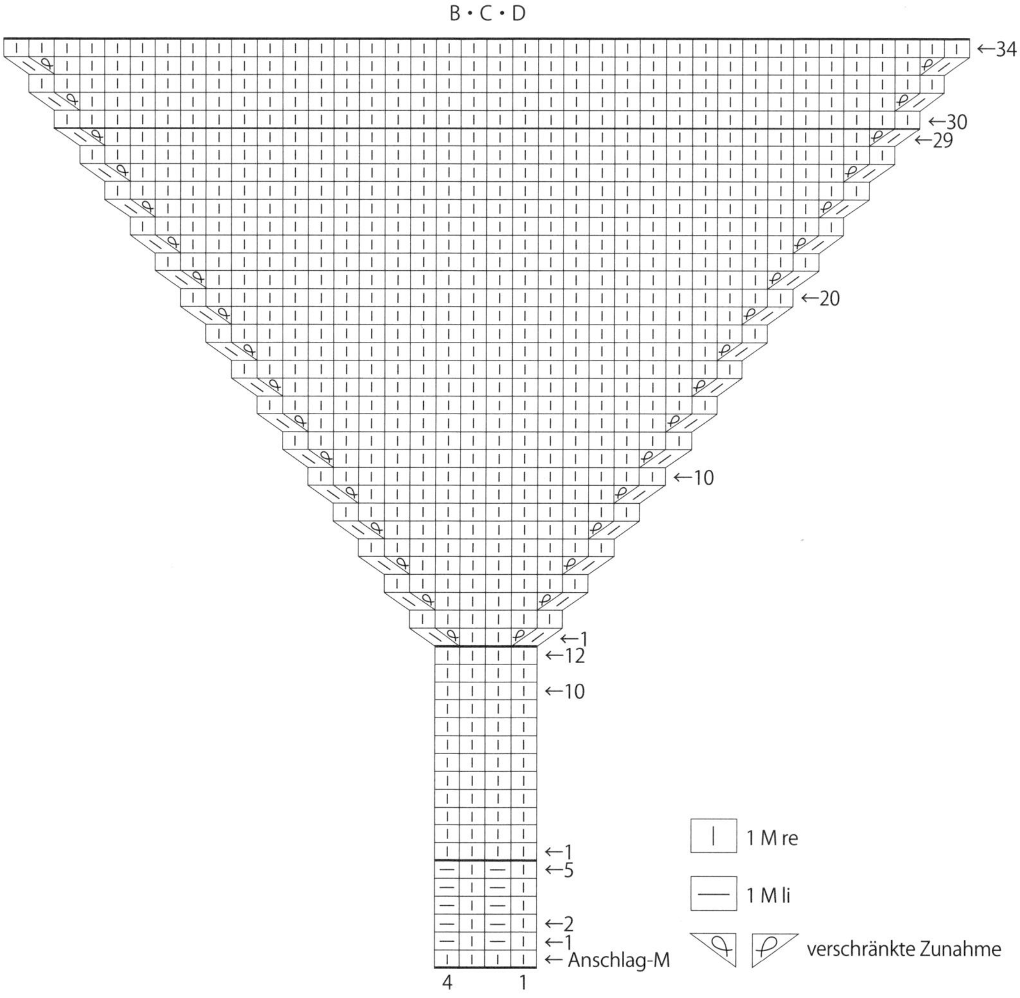

# Windmill

## Einfache Windrad-Fäustlinge (Nr. 2)

**Wolle:** Olympus Make Make Socks, Regenbogengarn in Blau und Grün (911), 35 g
**Nadeln:** Nadelspiel Stärke 3,5
**Zubehör:** Maschenstopper, Stopfnadel
**Maschenprobe:** 24 M x 34 R glatt re = 10 x 10 cm
**Maße:** Handumfang 20 cm, Länge 19,5 cm

**Strickanleitung**
Siehe Seite 6–9, 48/49, 54–57. Bis auf die Zunahmen ist die Strickweise identisch mit den Dreieck-Fäustlingen. Bei den einfachen Windrad-Fäustlingen werden in jeder Reihe aus der 1. M jeder Nadel 2 M re herausgestrickt (KFB-Zunahme).

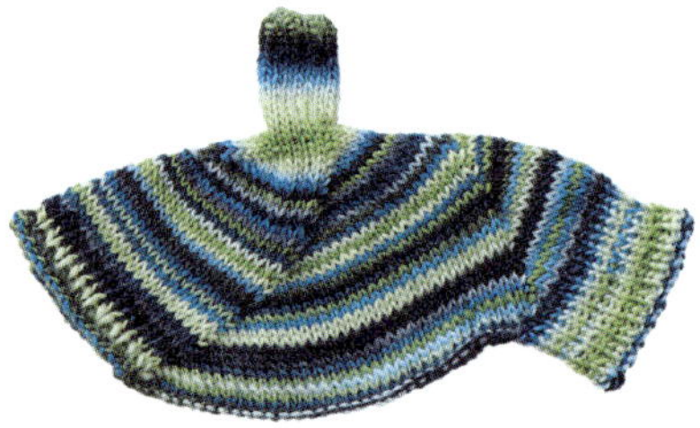

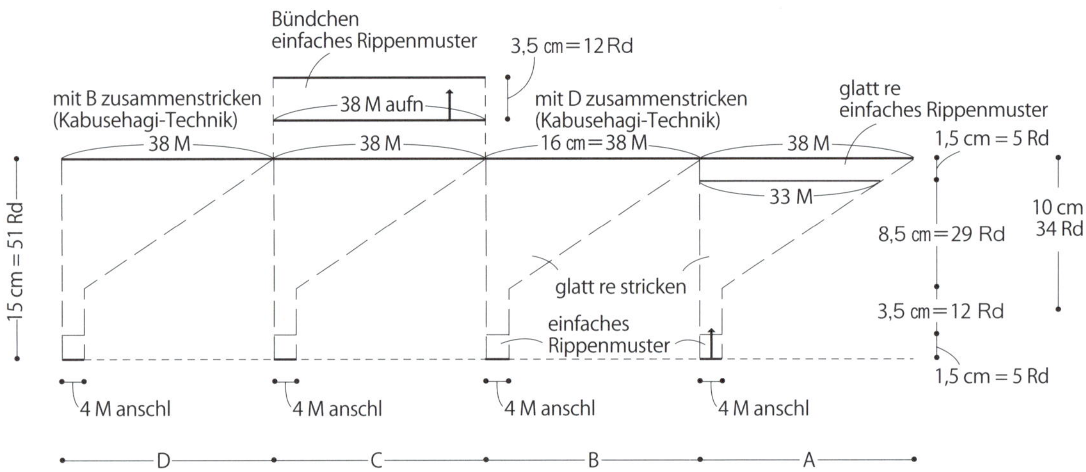


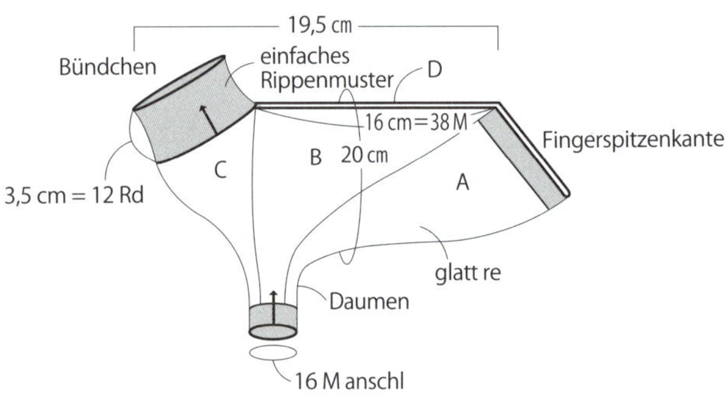

## Einfache Windrad-Fäustlinge: Strickdiagramm und Zunahmen

A

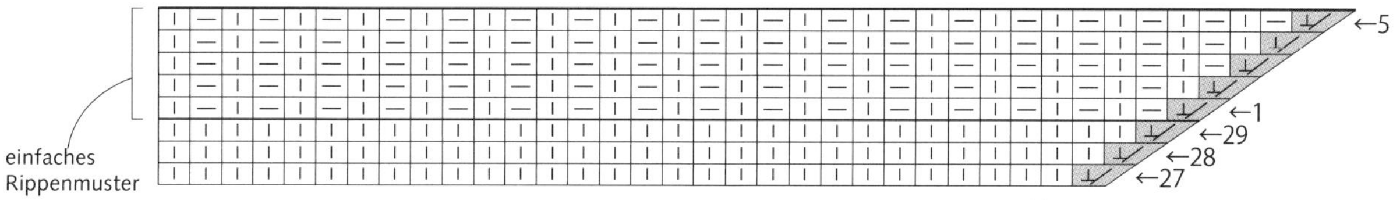


* Anschlag-M bis 26. Rd wie B, C, D

B • C • D

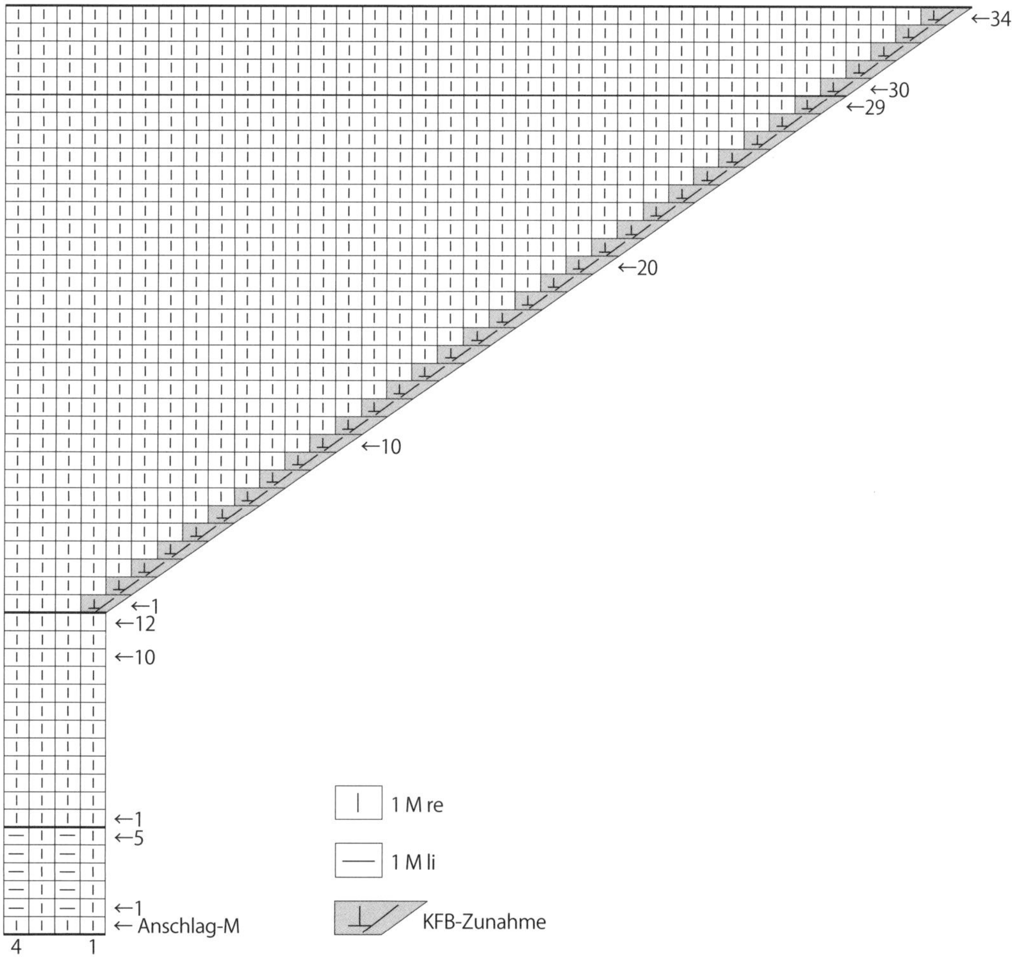

How to cast on and increase stitches.

## Stricktechniken in diesem Buch

Neben dem Kreuzanschlag stelle ich hier die verschränkte Zunahme und die in Europa häufig verwendete KFB-Zunahme (knit into front and back = von vorn und von hinten stricken) vor sowie die japanische Kabusehagi-Technik, bei der die Maschen der Handkantenseite von zwei Nadeln auf eine gelegt werden.

### Kreuzanschlag

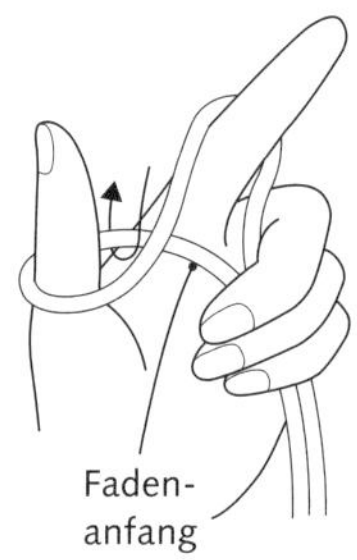


**1**

Den Faden wie auf dem Bild um Daumen und Zeigefinger schlingen und die Stricknadel in Pfeilrichtung hindurchführen.

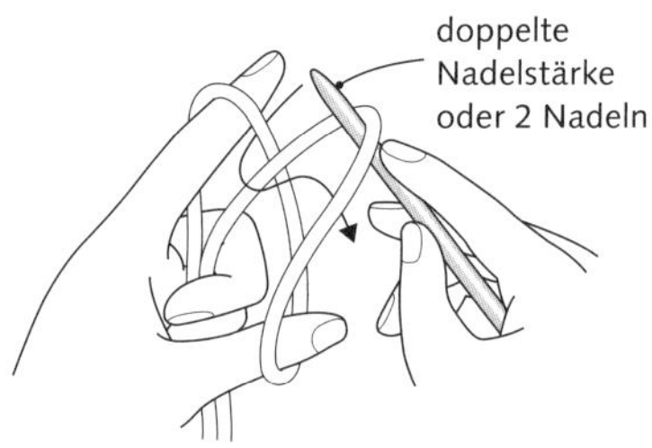


**2**

Den Faden am Zeigefinger mit der Nadel durch die Schlinge am Daumen holen.

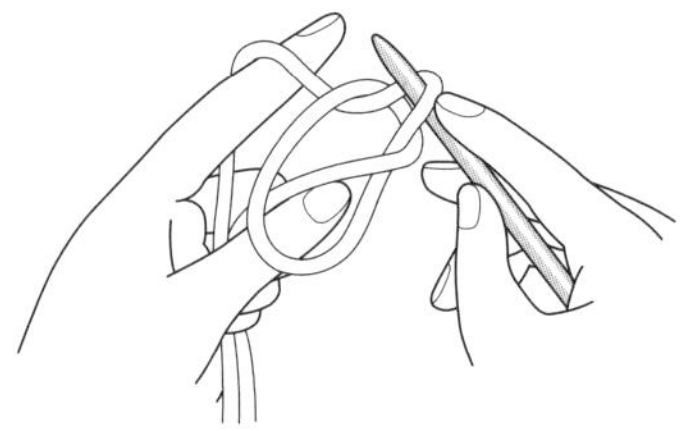

**3**

Den Faden vom Daumen gleiten lassen.

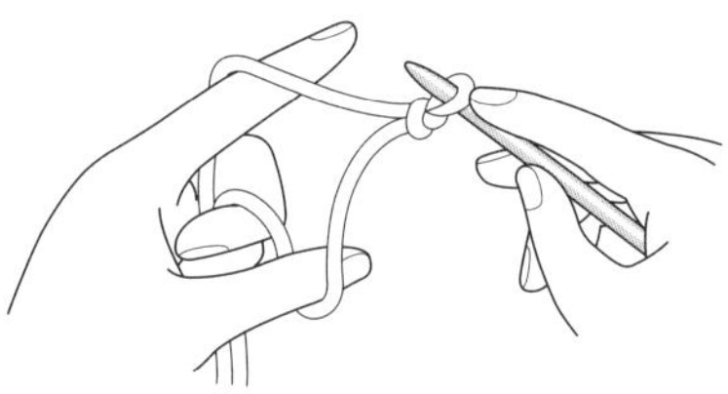

**4**

Den Fadenanfang um den Daumen legen und festziehen.

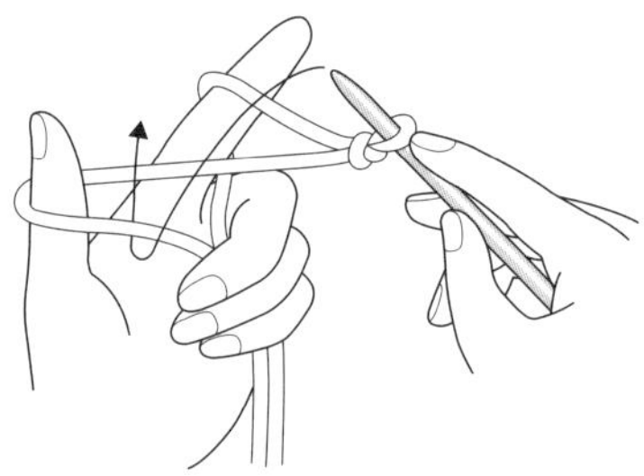

**5**

Mit dem rechten Zeigefinger die M auf der Nadel festhalten und den Faden vom Daumen holen.

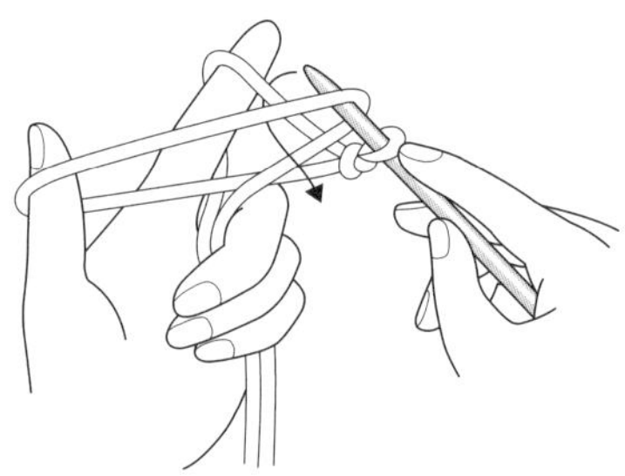

**6**

Den Faden vom Zeigefinger durch die Daumenschlinge holen.

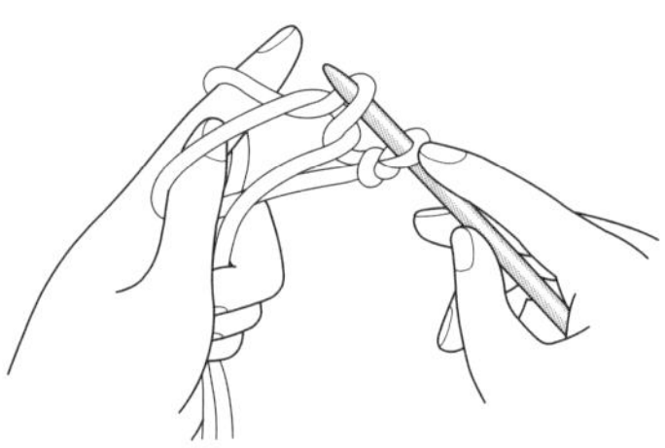

**7**

Den Faden vom Daumen gleiten lassen.

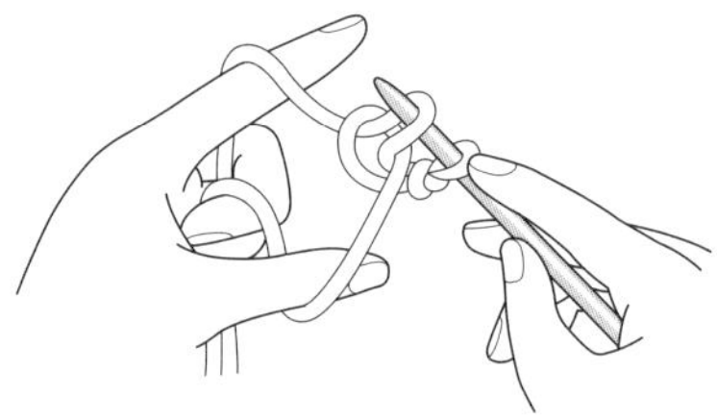

**8**

Den Faden um den Daumen legen und festziehen. Die Schritte 5–8 stets wiederholen.

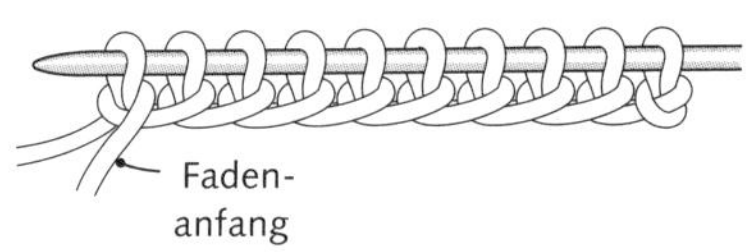


**9**

Anschlagmaschenreihe (10 M angeschlagen)

## 1 M re verschränkt zunehmen (aus dem Querfaden zunehmen)

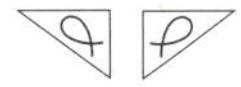

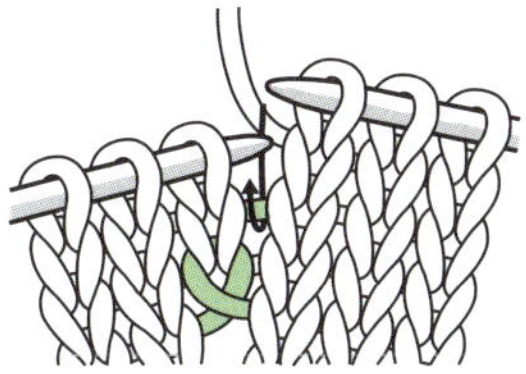

**1**

Bis zur Zunahmestelle stricken und mit der rechten Nadel unter den Faden zwischen den M stechen.

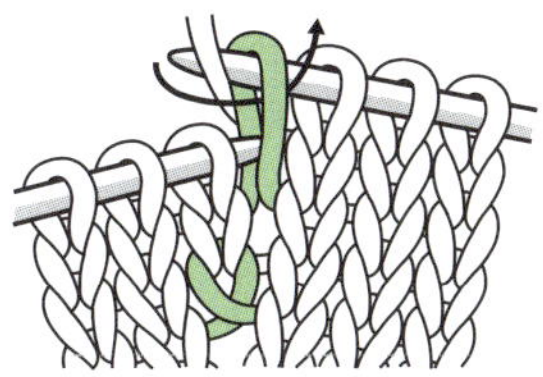

**2**

Den Faden mit der rechten Nadel holen und den aufgenommenen Faden abstricken.

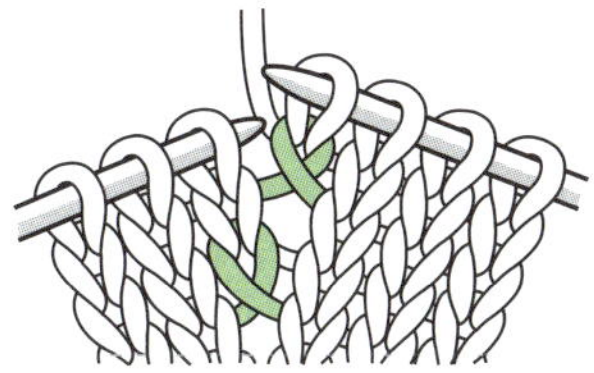

**3**

Der Querfaden ist nun verdreht und es liegt 1 M mehr auf der Nadel.

## KFB-Zunahme

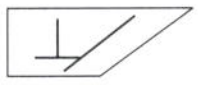

*Dieses Symbol wird nur in diesem Buch verwendet.

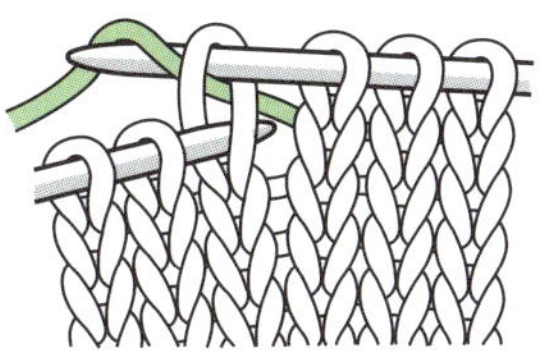

**1**

Die Nadel von vorn in die M stechen und den Faden auf die Nadel nehmen.

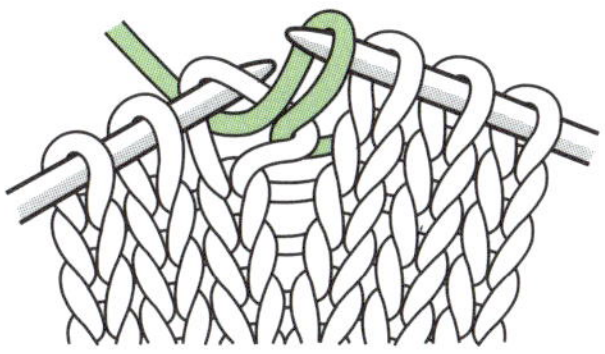

**2**

Den Faden holen (1 M re gestrickt). Die M nicht von der linken Nadel gleiten lassen.

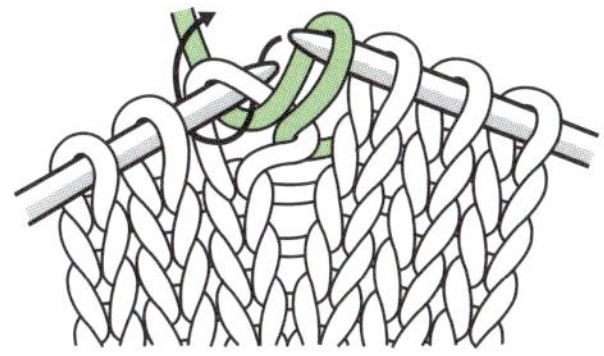

**3**

Die rechte Nadel in Pfeilrichtung von hinten durch dieselbe M stechen.

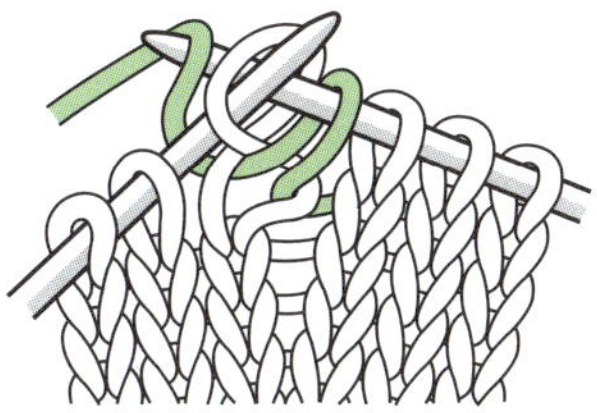

**4**

Den Faden auf die Nadel nehmen und durch die M holen (1 M re gestrickt).

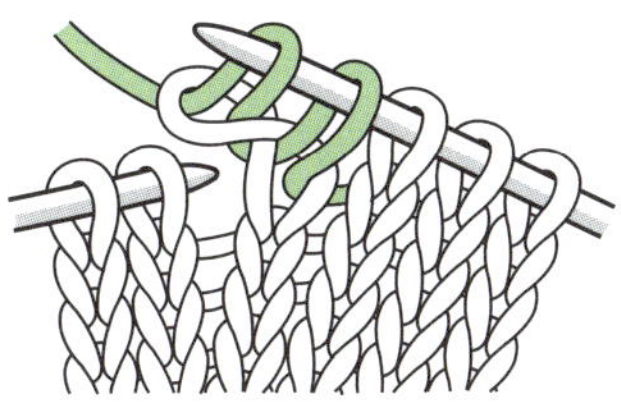

**5**

Aus 1 M werden auf diese Weise 2 re M herausgestrickt.

## Kabusehagi-Technik

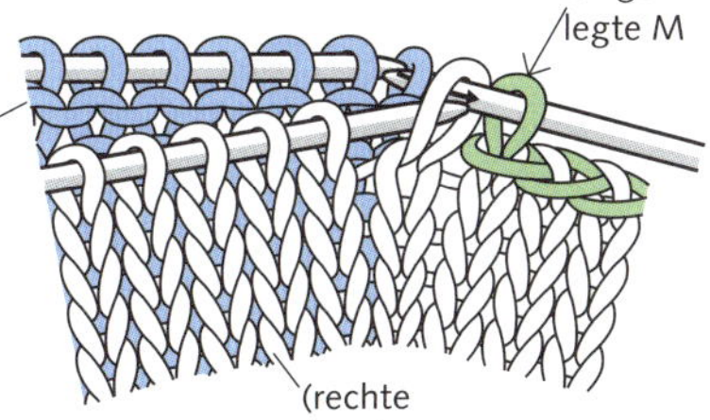


**1**

Die Strickstücke mit den Innenseiten aufeinanderlegen. Die erste M auf der hinteren Nadel wie auf dem Bild durch die erste M auf der vorderen Nadel holen und auf die rechte Nadel nehmen.

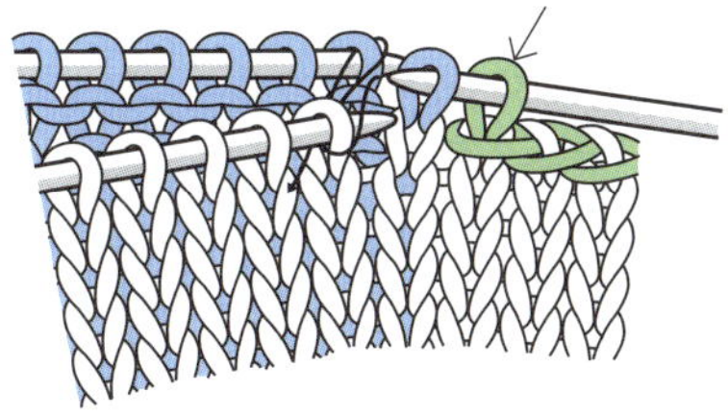


**2**

Die nächste M auf der hinteren Nadel ebenso durch die nächste M auf der vorderen Nadel ziehen. Diesen Schritt stets wiederholen.

# How to bind off

## Abketten – 3 Methoden

Der Kordelrand ist an sich schon sehr dekorativ, in einer Kontrastfarbe wirkt er noch hübscher. Die isländische Abkettmethode gefällt mir persönlich sehr gut. Der Abkettrand bleibt elastisch und bildet eine schöne seilähnliche Struktur. Das elastische Abketten ist für Handschuhbündchen besonders gut geeignet, weil sich der Rand gut dehnen lässt. Bei jeder Methode müssen Sie darauf achten, nicht zu fest zu stricken, weil der Rand dann nicht mehr elastisch ist und den Tragekomfort beeinträchtigt. Der Trick bei der Sache ist, etwas lockerer abzuketten, als man strickt.

### Kordelrand aus 3 Maschen

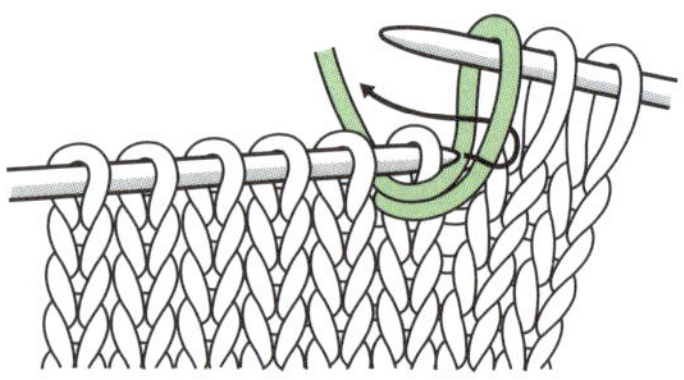

**1**

Zwischen 2 M einstechen und den Faden wie beim Rechtsstricken holen. Die neue M drehen und auf die linke Nadel legen.

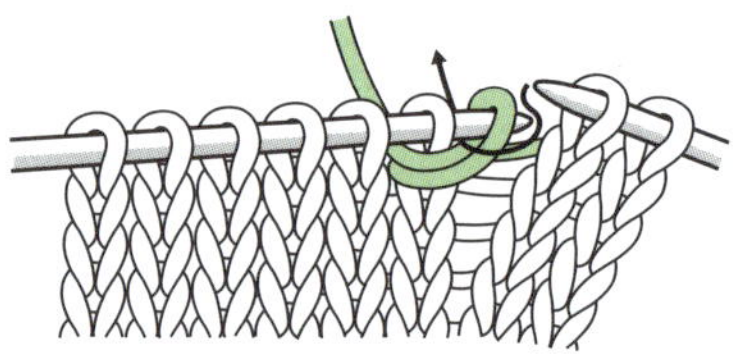

**2**

Mit der rechten Nadel zwischen die neue M und die M links daneben stechen. Wie oben den Faden durchholen, die neue M drehen und auf die linke Nadel legen.

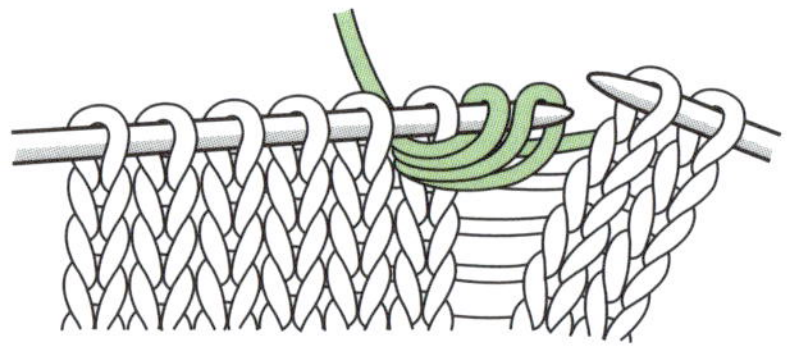

**3**

Nun befinden sich 2 neue M für den Kordelrand auf der Nadel. Die beiden M re abstricken.

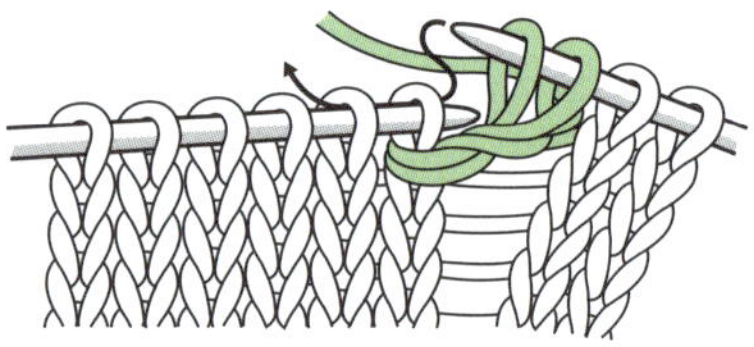

**4**

Durch die folgenden 2 M (die 3. M des Kordelrands und die M links daneben) stechen.

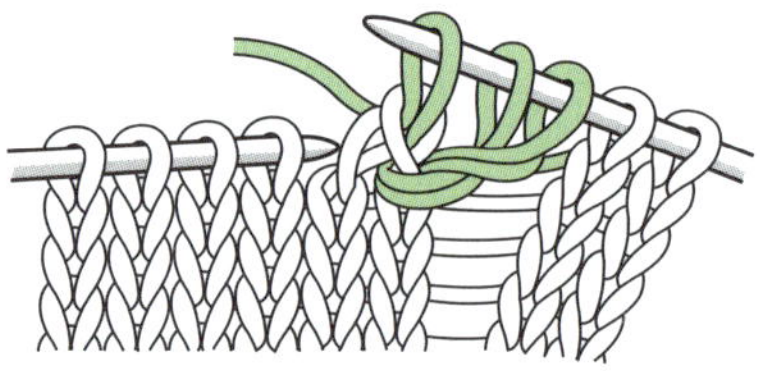

**5**

Faden holen und re abstricken (= 2 M re verschränkt zusammenstricken, 1 M abgekettet).

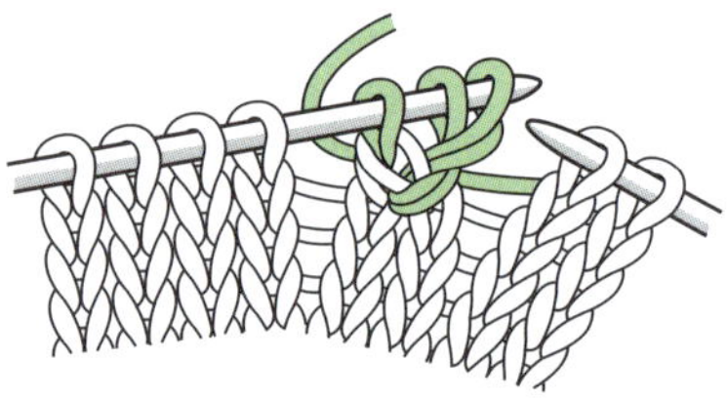

**6**

Die 3 M aus Schritt 4 und 5 ohne Abstricken wieder auf die linke Nadel legen.

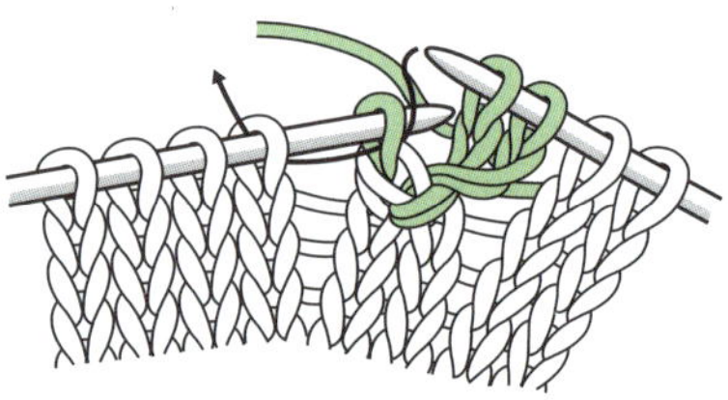

**7**

2 M re stricken. (Der Faden läuft hinter der Arbeit mit.) Mit der rechten Nadel durch die 3. M des Kordelrands und die M links daneben stechen, 1 M re stricken, 1 M abgenommen.

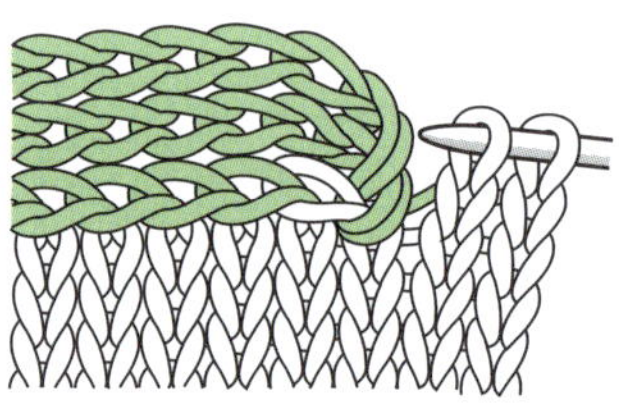

**8**

Die Schritte 6 und 7 stets wiederholen.

## Isländisch abketten

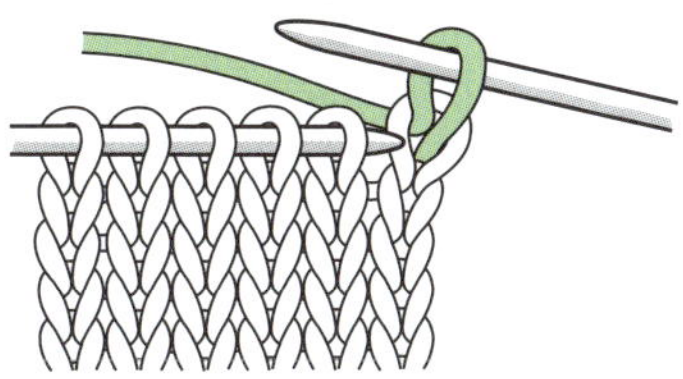

**1**

1 M re stricken.

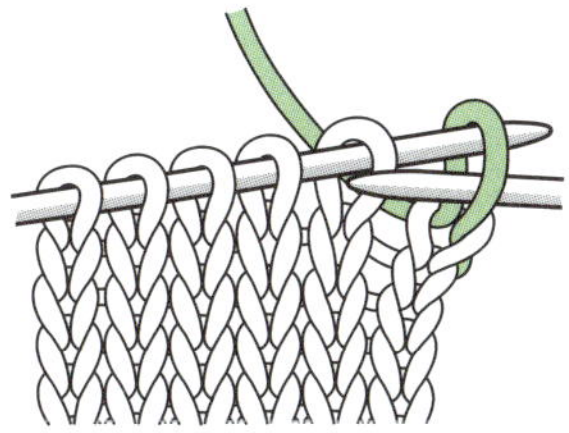

**2**

Die in Schritt 1 gestrickte M wieder auf die linke Nadel legen, die rechte Nadel hindurchführen und wie zum Rechtsstricken in die folgende M stechen.

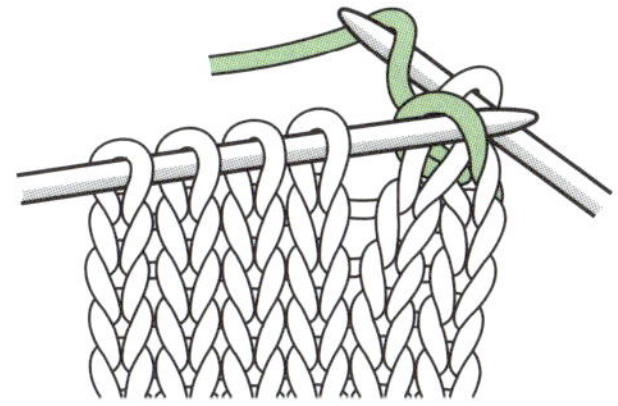

**3**

Die zweite durch die erste M ziehen und den Faden um die Nadel legen.

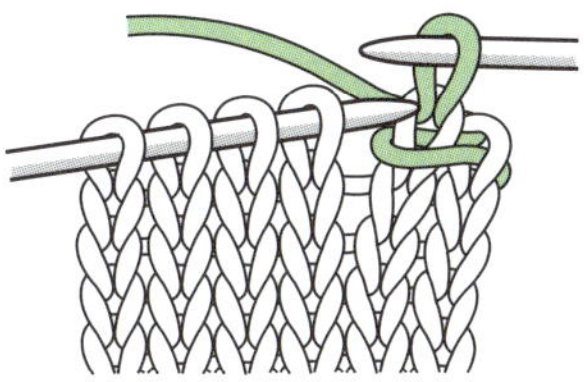

**4**

1 M re stricken. 1 M ist abgekettet.

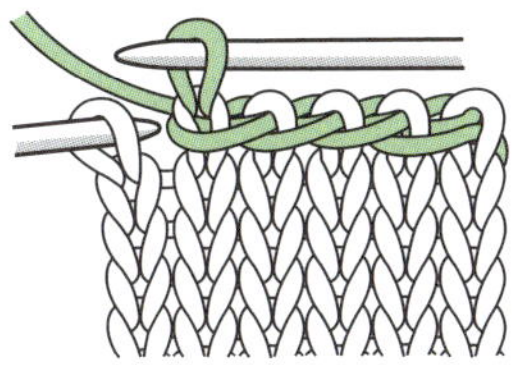

**5**

Die Schritte 2–4 stets wiederholen, bis die gewünschte Anzahl an M abgekettet ist.

## Elastisch abketten

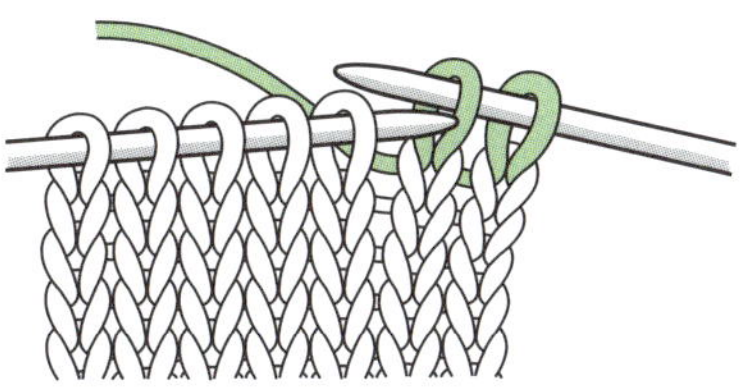

**1**

2 M re stricken.

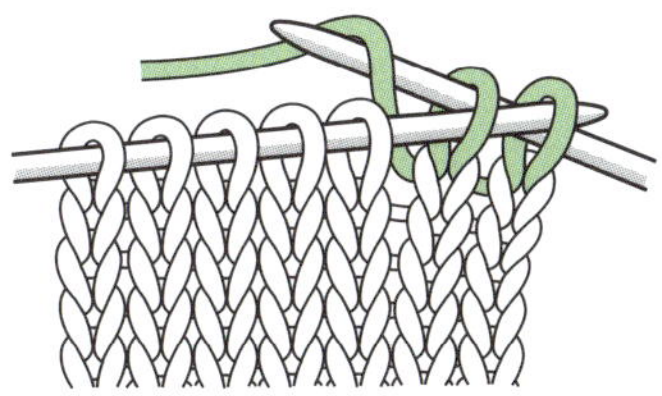

**2**

Die beiden in Schritt 1 gestrickten M wieder auf die linke Nadel legen, mit der rechten Nadel durch beide stechen und den Faden um die Nadel legen.

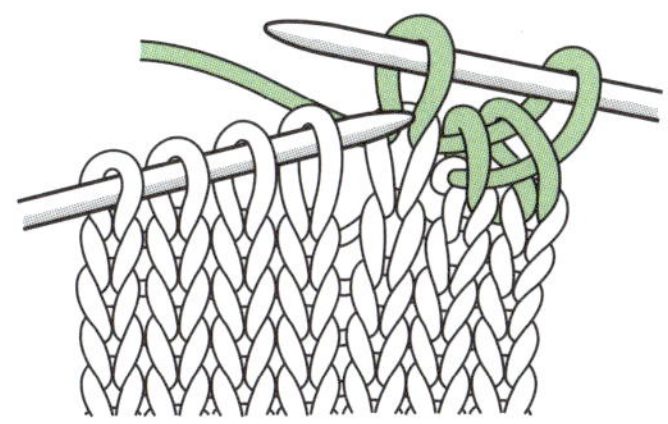

**3**

Den Faden durch beide M ziehen (1 M abgenommen) und die folgende M re stricken.

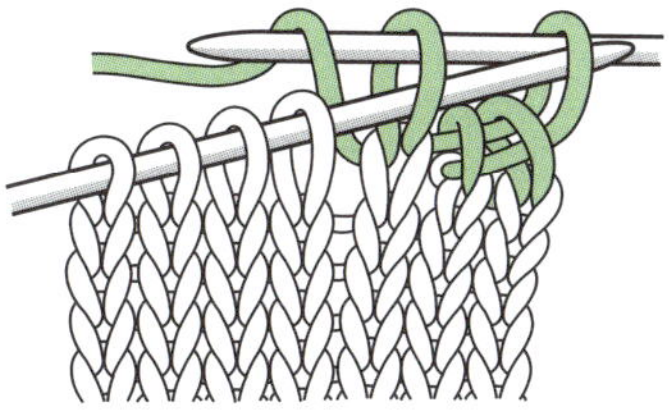

**4**

Die M auf der rechten Nadel wieder auf die linke Nadel legen, mit der rechten Nadel den Faden durch die beiden M ziehen (1 M abgenommen) und die nächste M re stricken.

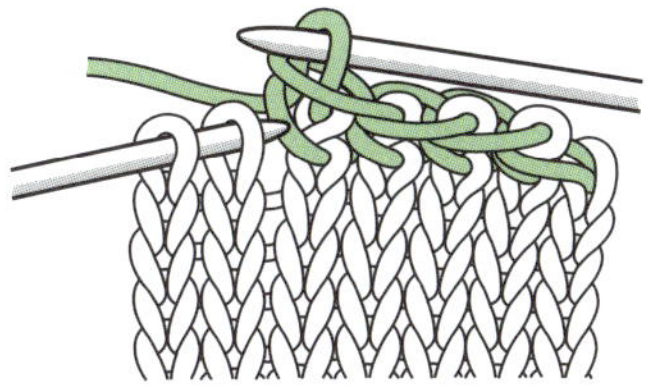

**5**

Schritt 4 stets wiederholen, bis das Strickstück abgekettet ist.

# How to adjust your mitten size

## Ändern der Maschen- und Rundenzahl (Nr. 3, Nr. 4, Nr. 5, Nr. 6)

Zum einen lässt sich die Handschuhgröße anpassen, indem die Anzahl der Anschlag-M am Daumen verändert wird. Bei dieser Methode wird mit demselben Garn und derselben Nadelstärke gearbeitet. (Größenanpassung bei identischer Maschenprobe)

Als Referenz sollen hier folgende Modelle dienen: Nr. 3 = Größe XS (Kleinkindgröße, 8 Anschlag-M), Nr. 4 = Größe S (Kindergröße, 12 Anschlag-M), Nr. 5 = Größe M (Damengröße, 16 Anschlag-M), Nr. 6 = Größe L (Herrengröße, 20 Anschlag-M).

**Wolle:** Olympus Make Make Socks
Nr. 3: Regenbogengarn in Rot und Blau (905), 10 g
Nr. 4: Regenbogengarn in Blau und Grün (911), 15 g
Nr. 5: Regenbogengarn in Rosa und Grün (902), 25 g
Nr. 6: Regenbogengarn in Grün und Braun (907), 40 g
**Nadeln:** Nadelspiel Stärke 3,5
**Zubehör:** Maschenstopper, Stopfnadel
**Maschenprobe:** 24 M x 34 R glatt re = 10 x 10 cm
**Maße:** Nr. 3: Handumfang 9 cm, Länge 10 cm
Nr. 4: Handumfang 12 cm, Länge 14,5 cm
Nr. 5: Handumfang 16 cm, Länge 17 cm
Nr. 6: Handumfang 20 cm, Länge 21 cm

**Strickanleitung**
Wie die einfachen Dreieck-Fäustlinge (siehe S. 6–9, S. 48–57), dabei die Maschen- und Rundenzahl nach den Zeichnungen und Legenden anpassen (Diagramm auf Seite 59).

## Ändern der Garn- und Nadelstärke (Nr. 7, Nr. 8)

Bei dieser Methode der Größenanpassung werden Maschen- und Rundenzahl beibehalten, das Modell wird aber mit einer anderen Garn- und Nadelstärke gestrickt (dadurch verändert sich die Maschenprobe).

**Wolle:** Nr. 7: Schoppel Life Style Pigment-Nebel (2294), 50 g
Nr. 8: Puppy Multico in Blaugrün (574), 70 g
**Nadeln:** Nr. 7: Nadelspiel Stärke 3,5;
Nr. 8: Nadelspiel Stärke 4–4,5
**Zubehör:** Maschenstopper, Stopfnadel
**Maschenprobe:** Nr. 7: 26 M x 37 R glatt re = 10 x 10 cm
Nr. 8: 22 M x 31 R glatt re = 10 x 10 cm
**Maße:** Nr. 7: Handumfang 16 cm, Länge 16 cm
Nr. 8: Handumfang 19 cm, Länge 19,5 cm

**Strickanleitung**
Wie die einfachen Dreieck-Fäustlinge (siehe S. 6–9, S. 48–57). Nr. 7 und Nr. 8 werden elastisch abgekettet.

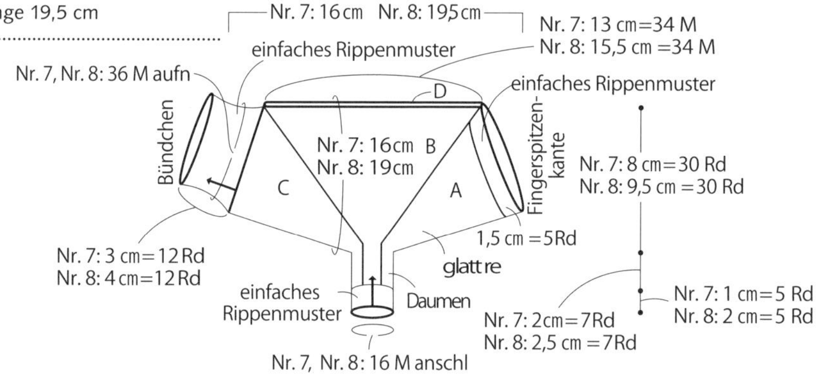

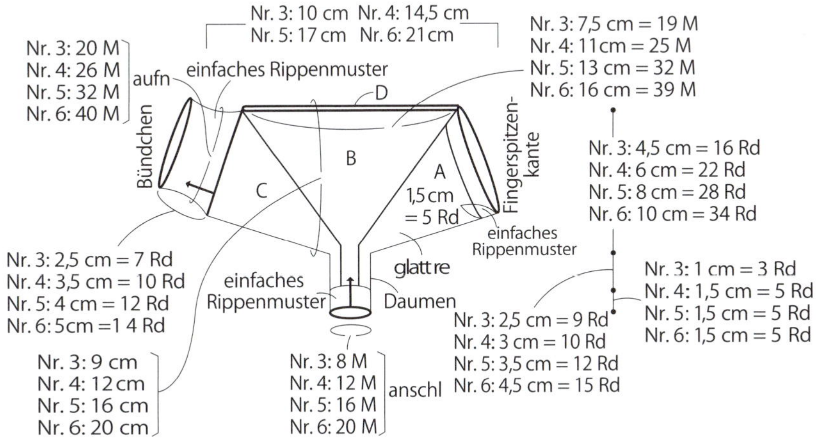


## Einfache Dreieck-Fäustlinge: Strickdiagramm B, C, D mit veränderter Maschenzahl

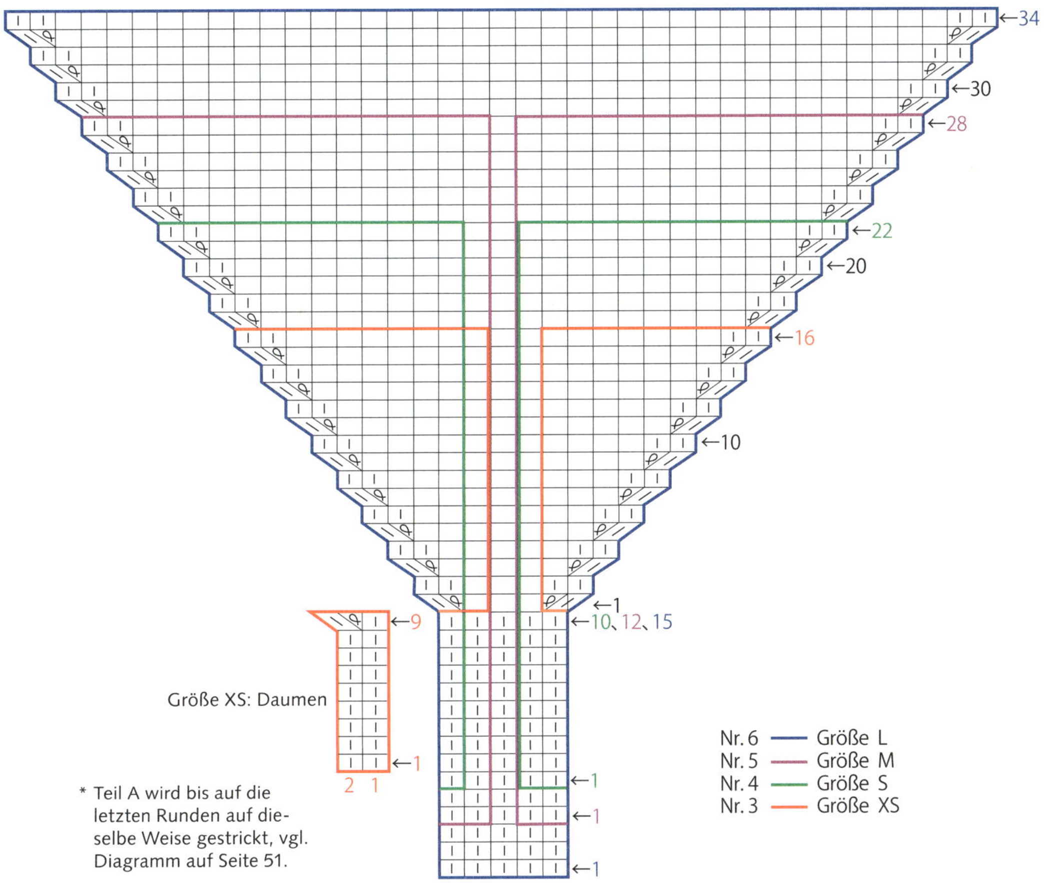


* Teil A wird bis auf die letzten Runden auf dieselbe Weise gestrickt, vgl. Diagramm auf Seite 51.

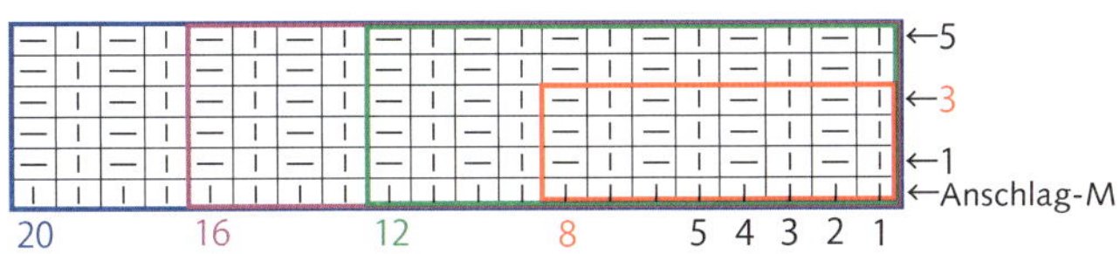


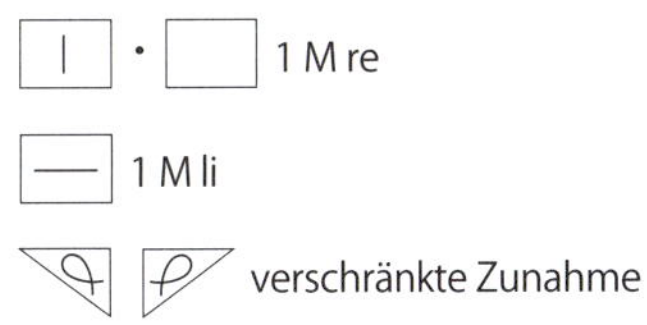

Sheep

## Schafe (Nr. 45, Nr. 46)

Zum Anpassen der Größe die Rundenanzahl im moosgrünen Teil erhöhen bzw. verringern.

**Wolle:** Nr. 45 (Mütze): Daruma iroiro Blue Hawaii (19), 20 g; Moosgrün (24), 25 g; Off-white (1), 15 g; Schwarz (47), 10 g; Canaria (29), 5 g
Nr. 46 (Fäustlinge): Blue Hawaii (19), 15 g; Moosgrün (24), 20 g; Off-white (1), 10 g; Schwarz (47), 5 g; Canaria (29), Rest
**Nadeln:** Nadelspiel Stärke 3
**Zubehör:** Maschenstopper, Stopfnadel
**Maschenprobe:** 28 M x 34 R glatt re im Einstrickmuster = 10 x 10 cm
**Maße:** Nr. 45: Kopfumfang 48,5 cm, Höhe 26 cm
Nr. 46: Handumfang 19 cm, Länge 17 cm

**Strickanleitung (siehe S. 6–9, S. 48–57)**
**Nr. 45 (Mütze)**
8 M in Blue Hawaii anschl, zur Rd schließen und 10 Rd glatt re stricken. Anschließend 58 Rd glatt re im Einstrickmuster stricken, dabei die KFB-Zunahmen vornehmen wie im Strickdiagramm angegeben. 30 Rd glatt re in Moosgrün stricken, dann isländisch abketten.

**Nr. 46 (Fäustlinge)**
16 M in Blue Hawaii anschl, zur Rd schließen und 5 Rd einfaches Rippenmuster (1 M re, 1 M li im Wechsel), dann 10 Rd glatt re stricken. 29 Rd glatt re im Einstrickmuster stricken, dabei in jedem Teil auf beiden Seiten verschränkte Zunahmen vornehmen wie im Strickdiagramm angegeben; die re M am Nadelanfang bleibt dabei jeweils stehen. Nun in Moosgrün auf der Fingerspitzenseite (A) über 3 Rd einfaches Rippenmuster stricken, in den anderen Teilen glatt re fortfahren. Fingerspitzenkante und Handkantenseite mit Kordelrand abketten. Zu den letzten 3 M des Kordelrandes die 35 M der Bündchenseite aufnehmen (insgesamt 38 M) und 15 Rd einfaches Rippenmuster stricken, dabei die 3 M Kordelrand weiter glatt re stricken, dann isländisch abketten. Den zweiten Fäustling auf dieselbe Weise stricken.

**Nr. 46, Einstrickmuster in glatt re und Zunahmen**

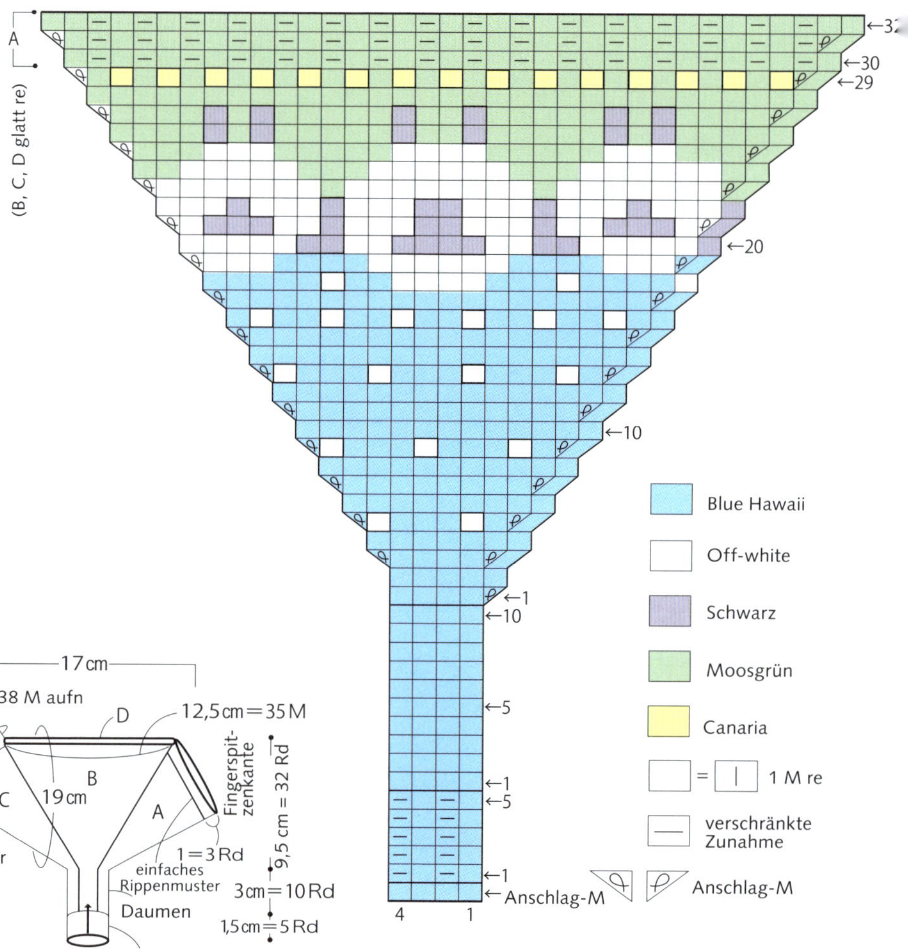


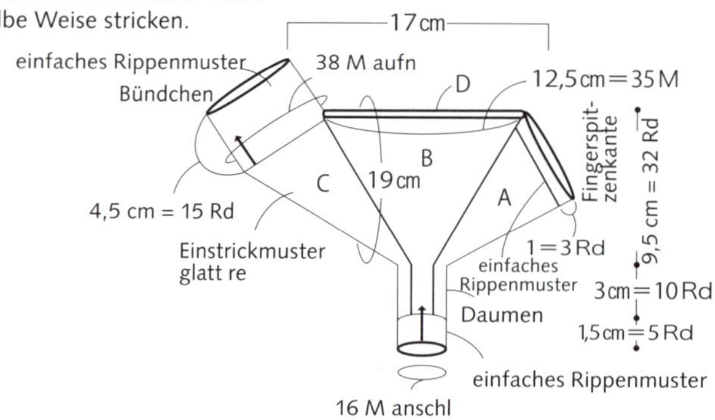

**Nr. 45, Einstrickmuster in glatt re und Zunahmen**

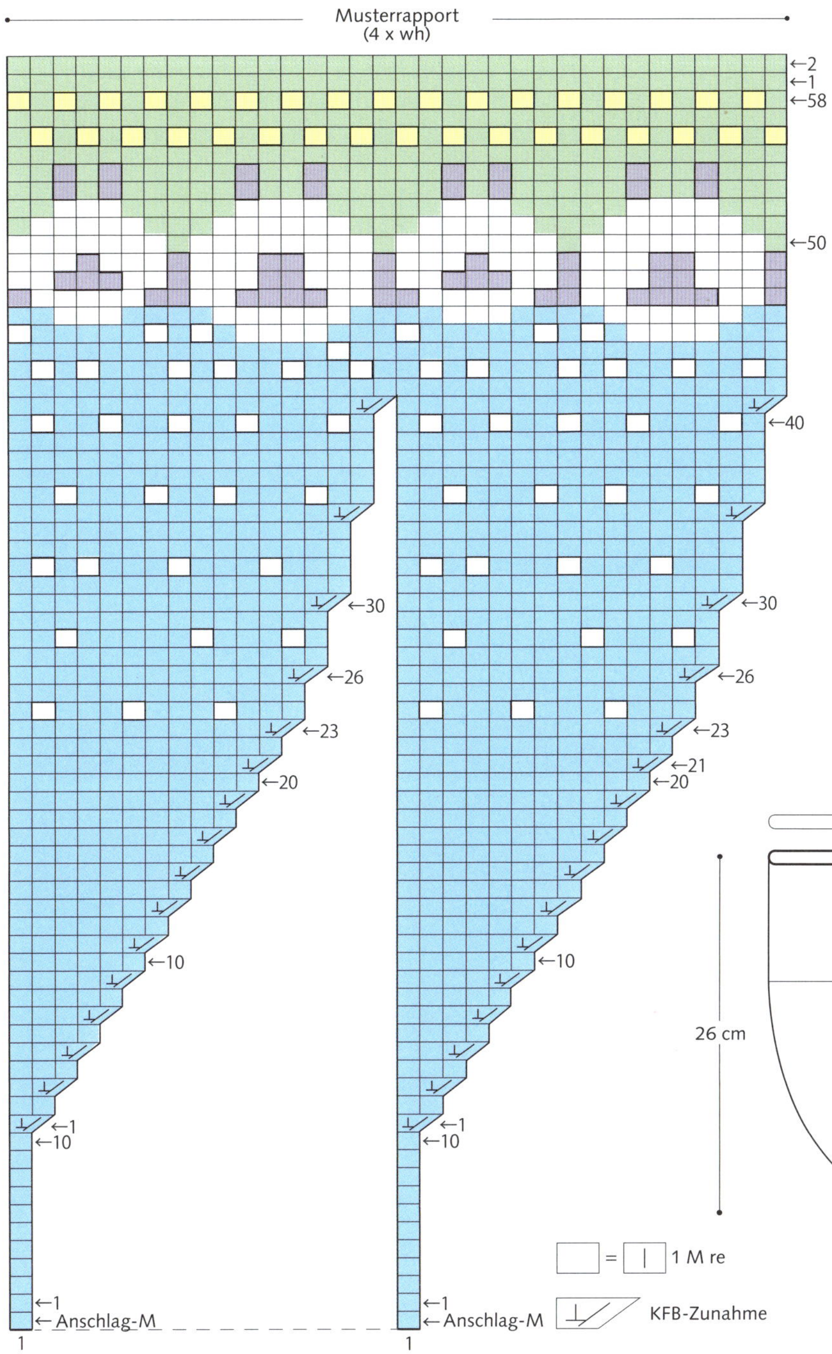


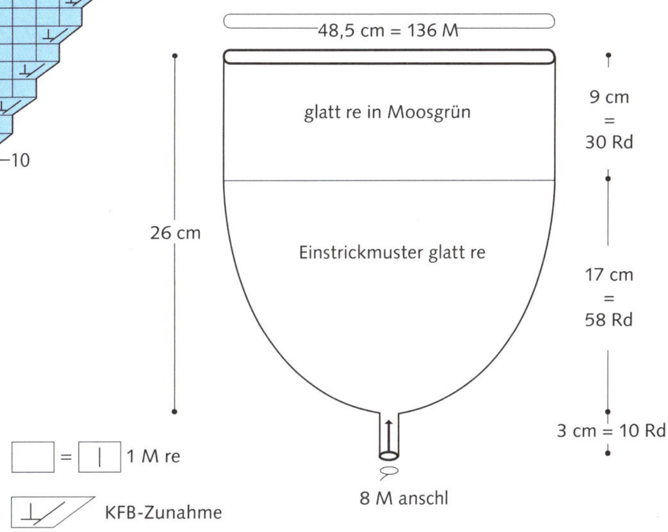

# Daruma

## Daruma-Tengu (Nr. 9, Nr. 10)

Nr. 9 ist die Damenversion, bei Nr. 10 (Herrenversion) wird das Muster um einen Rapport verlängert.

**Wolle:** Nr. 9: Daruma Super Wash Merino, Grau (8), 30 g; Rot (6), 30
Nr. 10: Daruma Super Wash Merino, Blau (4), 37 g, Gelbgrün (2), 37 g
**Nadeln:** Nadelspiel Stärke 2,75
**Zubehör:** Maschenstopper, Stopfnadel
**Maschenprobe:** 30 M x 45 R im Muster (Rapport: 6 M, 6 Rd) = 10 x 10 cm
**Maße:** Nr. 9: Handumfang 18 cm, Länge 23 cm
Nr. 10: Handumfang 21 cm, Länge 25,5 cm

**Strickanleitung (siehe S. 6–9, S. 48–57).**
Die Teile in eckigen Klammern beziehen sich auf Nr. 10. Sofern nicht anders angegeben, werden die Modelle sonst identisch gestrickt. Dieses Modell wird wie die einfachen Windrad-Fäustlinge in dem Muster gestrickt, das im Strickdiagramm angegeben ist. In Farbe a 20 M anschl und zur Rd schließen, den Daumen im Muster stricken (1 Rapport = 5 M, 5 Rd), dann 27 Rd [33 Rd] im Muster stricken (1 Rapport = 6 M, 6 Rd). Zu Farbe b wechseln und 13 Rd auf dieselbe Weise fortfahren. Fingerspitzenkante und Handkantenseite mit Kordelrand abketten. Zu den letzten 3 M des Kordelrandes die 45 M [51 M] der Bündchenseite aufnehmen (insgesamt 38 M) und 30 Rd [32 Rd] einfaches Rippenmuster stricken, dann isländisch abketten. Den zweiten Fäustling auf dieselbe Weise stricken, dabei Farbe a und Farbe b tauschen.

**Strickmuster und Zunahmen (A, B, C, D)**

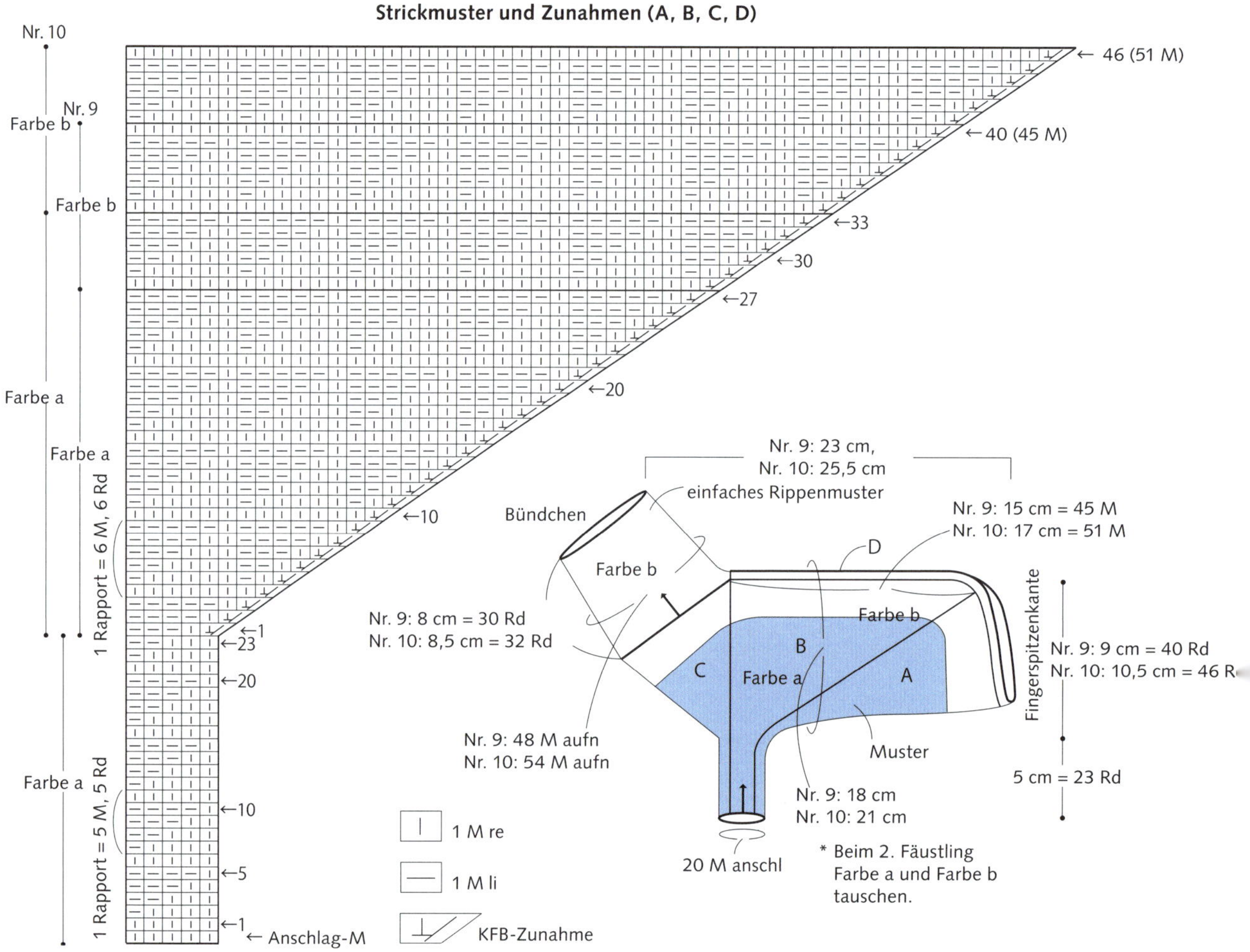

## Fäustlinge mit Noppenmuster (Nr. 15, Nr. 16)

Dieses Muster ist elastisch und hält schön warm – perfekt für Fäustlinge, aber auch gut für Pullover und Strickjacken geeignet.

**Wolle:** Nr. 15: Ski UK BlendMelange, Grau (8002), 35 g
Nr. 16: Daruma Shetland Wool, Khaki (6), 40 g, Fake Fur, Grau (1), 15 m
**Nadeln:** Nr. 15: Nadelspiel Stärke 4;
Nr. 16: Nadelspiel Stärke 3,5; Häkelnadel Stärke 5
**Zubehör:** Maschenstopper, Stopfnadel
**Maschenprobe:** Nr. 15: 23 M x 22 R im Muster = 10 x 10 cm
Nr. 16: 28 M x 26 R im Muster = 10 x 10 cm
**Maße:** Nr. 15: Handumfang 20 cm, Länge 26 cm
Nr. 16: Handumfang 18 cm, Länge 24 cm

**Strickanleitung (siehe S. 6–9, S. 48–57)**
Sofern nicht anders angegeben, werden die Modelle identisch gestrickt. Dieses Modell wird wie die einfachen Dreieck-Fäustlinge in dem Muster gestrickt, das im Strickdiagramm angegeben ist. (Damit der Abschlussrand nicht zu locker wird, in der letzten Musterreihe aus 1 M statt 3 M nur 2 M herausstricken, um die Maschenanzahl zu verringern.) Fingerspitzenkante und Handkantenseite isländisch abketten. Das Bündchen in Runden im einfachen Rundenmuster stricken und isländisch abketten. Bei Nr. 16 zuletzt mit Fake Fur einen Rand aus festen M ans Bündchen häkeln. Den zweiten Fäustling auf dieselbe Weise stricken.

**Strickmuster und Zunahmen (A, B, C, D)**

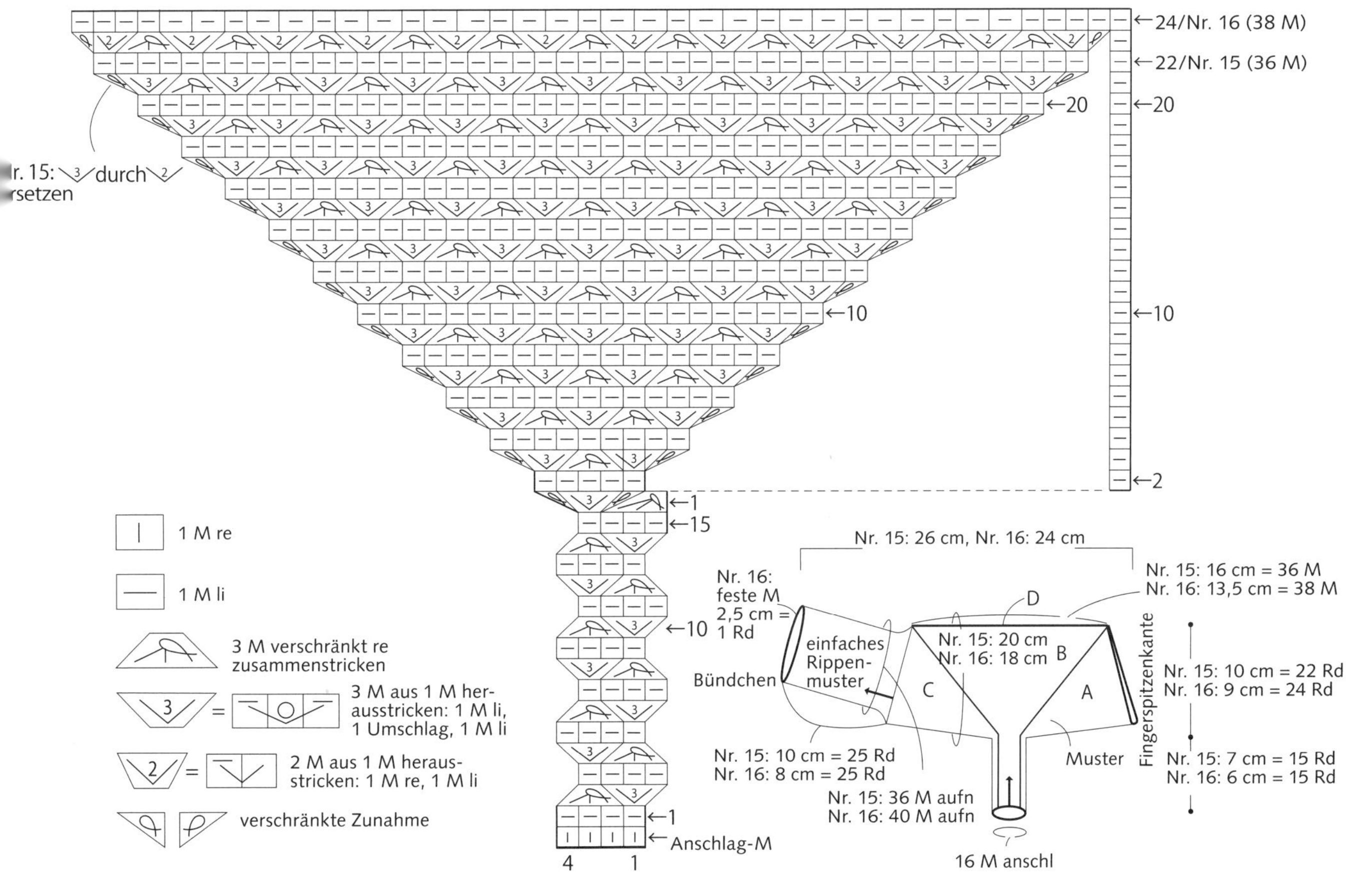

# Bloom

## Mütze mit Streifenmuster (Nr. 29, Nr. 35, Nr. 36, Nr. 37)

Die Mütze wird in meinem selbst entworfenen Garn „Bloom“ gestrickt. Das Muster ist dasselbe wie im Modell „Daruma-Tengu“ (siehe S. 62) und besteht nur aus rechten und linken Maschen.

**Wolle:** YANAGIYARN Bloom
Nr. 29: Violett (7), Grau (14), je 35 g
Nr. 35: Blau (11), Türkis (10), je 35 g; Limette (8), 5 g
Nr. 36: Blau, Limette, je 30 g; Türkis, 5 g
Nr. 37: Türkis, Limette, je 25 g; Blau, 5 g
**Nadeln:** Nadelspiel Stärke 3,5
**Zubehör:** Maschenstopper, Stopfnadel
**Maschenprobe:** 25 M x 37 R im Muster = 10 x 10 cm
**Maße:** Nr. 29, Nr. 35, Nr. 36: Kopfumfang 48 cm, Höhe 17 cm
Nr. 37: Kopfumfang 42 cm, Höhe 15,5 cm

**Strickanleitung (siehe S. 6–9, S. 48–57)**
Die Teile in eckigen Klammern beziehen sich auf Nr. 37. Sofern nicht anders angegeben, werden die Modelle sonst identisch gestrickt.
120 [104] M anschl und zur Rd schließen, 12 [10] Rd im doppelten Rippenmuster stricken (2 M re, 2 M li im Wechsel), 1 Rd re stricken. Da der Mützenrand später umgeschlagen wird, noch einmal 12 [10] Rd im doppelten Rippenmuster stricken. Weiter im Muster stricken, dabei die Abnahmen und Farbwechsel durchführen, wie im Strickdiagramm angegeben ist. Nach der letzten Abnahme den Faden durch die verbliebenen M ziehen. Eine Bommel in der jeweils angegebenen Farbe herstellen und befestigen.

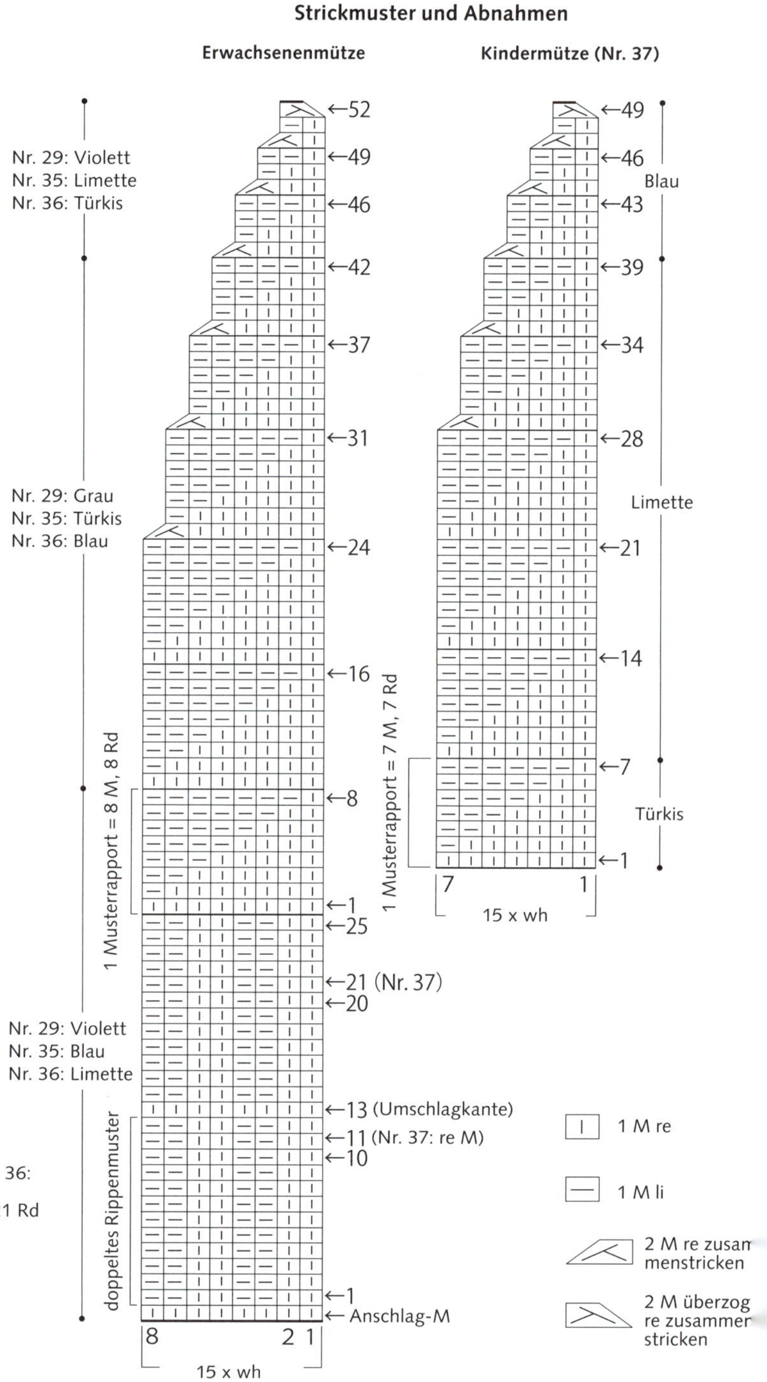


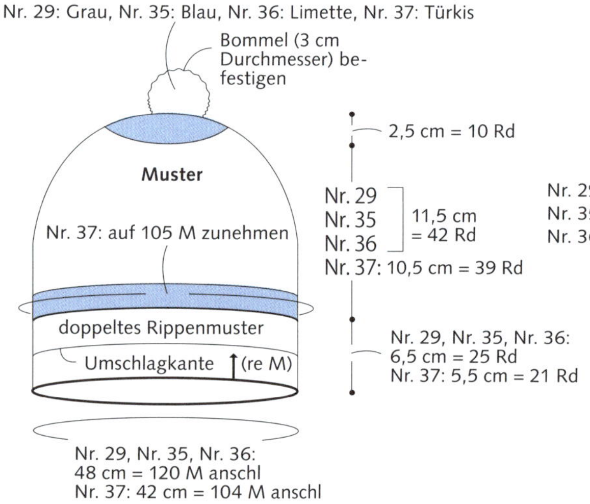

Noro Lace

## Fäustlinge mit Spitzenbündchen (Nr. 21)

**Wolle:** NORO Mirai, Regenbogengarn in Grün (5), 40 g
**Nadeln:** Nadelspiel Stärke 3,5
**Zubehör:** Maschenstopper, Stopfnadel
**Maschenprobe:** 22 M x 32 R glatt re = 10 x 10 cm
**Maße:** Handumfang 18 cm, Länge 18,5 cm

**Strickanleitung**
Dieses Modell wird wie die einfachen Windrad-Fäustlinge gestrickt. Im Rippenmuster und glatt re stricken wie im linken Diagramm angegeben, dann isländisch abketten. Das Bündchen im Spitzenmuster stricken und isländisch abketten. Den zweiten Fäustling auf dieselbe Weise stricken.

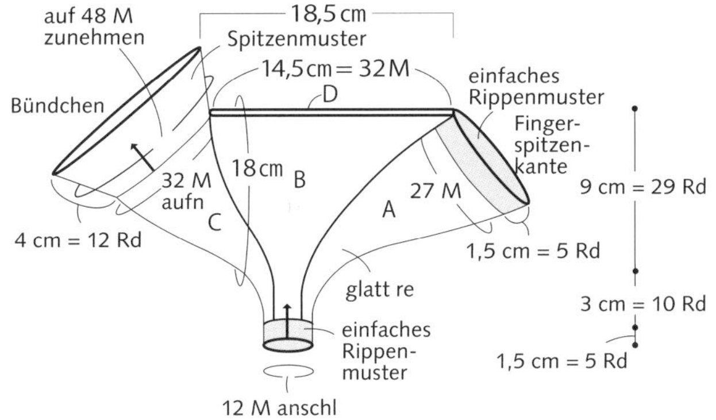


### Strickdiagramm Spitzenmuster

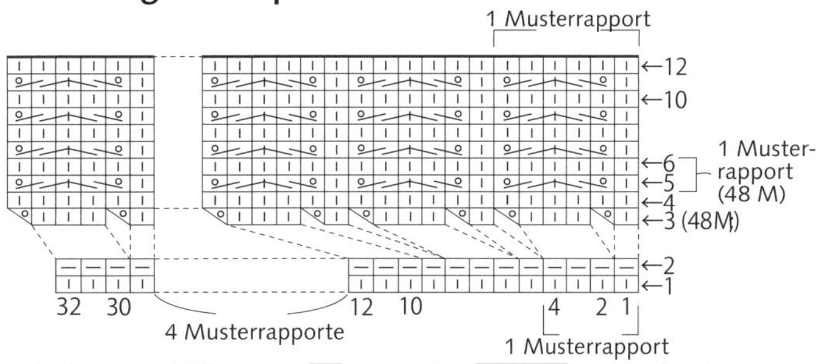


| 1 M re | — 1 M li | ○ 1 Umschlag | 1 doppelte überzogene Abnahme

Finger hole

## Fäustlinge mit Fingerloch (Nr. 22)

**Wolle:** NORO Hiking, Regenbogengarn in Grün und Rosa (7), 50 g
**Nadeln:** Nadelspiel Stärke 3,5
**Zubehör:** Maschenstopper, Stopfnadel
**Maschenprobe:** 21 M x 30 R glatt re = 10 x 10 cm
**Maße:** Handumfang 20 cm, Länge 22,5 cm

**Strickanleitung (siehe S. 6–9, S. 48–57)**
Dieses Modell wird wie die einfachen Dreieck-Fäustlinge gestrickt. Im Rippenmuster und glatt re stricken, wie es im linken Diagramm angegeben ist. Nach 30 Rd an der Fingerspitzenseite die folgende Rd glatt re stricken und dabei den Teil für das Fingerloch isländisch abketten, dann die M dieses Teiles stilllegen (diese R wird zur 1. R der Fingerspitzenkappe). Die Handkantenseite isländisch abketten, das Bündchen im einfachen Rippenmuster stricken und ebenfalls isländisch abketten. Den Faden an der Fingerspitzenkante neu ansetzen und die Fingerspitzenkappe glatt re in Rd stricken, dabei die abgeketteten M des Fingerlochs mit Umschlägen und verschränkten M neu anschl und die Abnahmen durchführen, wie es im Strickdiagramm angegeben ist. Die letzten 14 M auf 2 Nadeln verteilen, mit der Kabusehagi-Technik auf 1 Nadel legen und die verbliebenen 7 M isländisch abketten. Den zweiten Fäustling auf dieselbe Weise stricken, jedoch darauf achten, das Fingerloch für die andere Hand auf der gegenüberliegenden Seite einzuarbeiten.

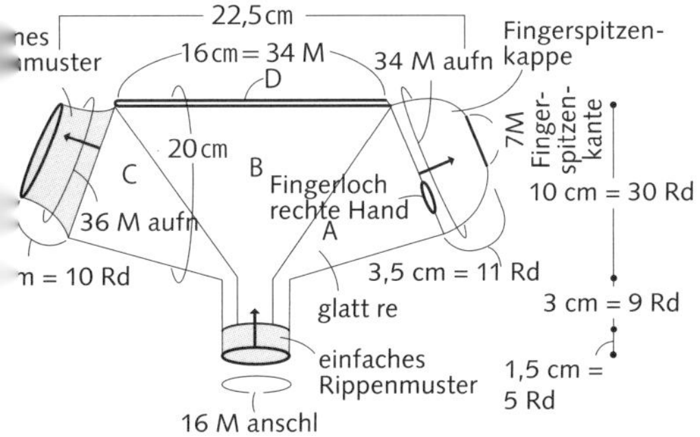


*Das Fingerloch für die linke Hand gegengleich einarbeiten.

### Fingerspitzenkappe: Strickdiagramm und Fingerloch

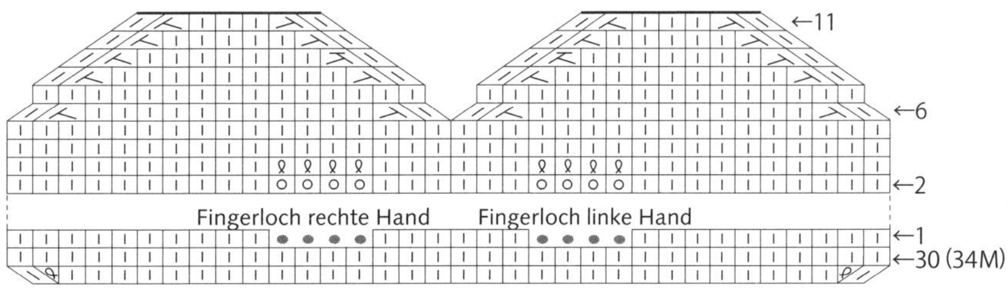


*Das Fingerloch befindet sich am rechten und am linken Fäustling an unterschiedlichen Stellen.

| 1 M re | 2 M re zusammenstricken | 2 M überzogen re zusammenstricken | verschränkte M | ○ 1 Umschlag | verschränkte Zunahme | isländisch abketten

Dongurí Boshi

## Eichelmütze (Nr. 11, Nr. 13)

Durch Variieren der Länge des glatt re gestrickten Rollrands kann die Größe etwas angepasst werden.

**Wolle:** Nr. 11: Schoppel Edition3, Regenbogengarn in Grau und Weinrot (2299),50 g
Nr. 13: Schoppel Edition3, Regenbogengarn in Blau und Beige (2329),45 g
**Nadeln:** Nadelspiel Stärke 3
**Zubehör:** Maschenstopper, Stopfnadel
**Maschenprobe:** 28 M x 36 R glatt re = 10 x 10 cm
**Maße:** Nr. 11: Kopfumfang 48,5 cm, Höhe 23 cm
Nr. 13: Kopfumfang 46 cm, Höhe 19,5 cm

**Strickanleitung (siehe S. 6–9, S. 48–57).**
Die Teile in eckigen Klammern beziehen sich auf Nr. 13. Sofern nicht anders angegeben, werden die Modelle sonst identisch gestrickt.
8 M anschl und zur Rd schließen, 10 Rd glatt re stricken. 46 [39] Rd glatt re mit den KFB-Zunahmen stricken wie im Strickdiagramm angegeben, anschließend noch 36 [31] Rd ohne Zunahmen glatt re stricken und isländisch abketten.

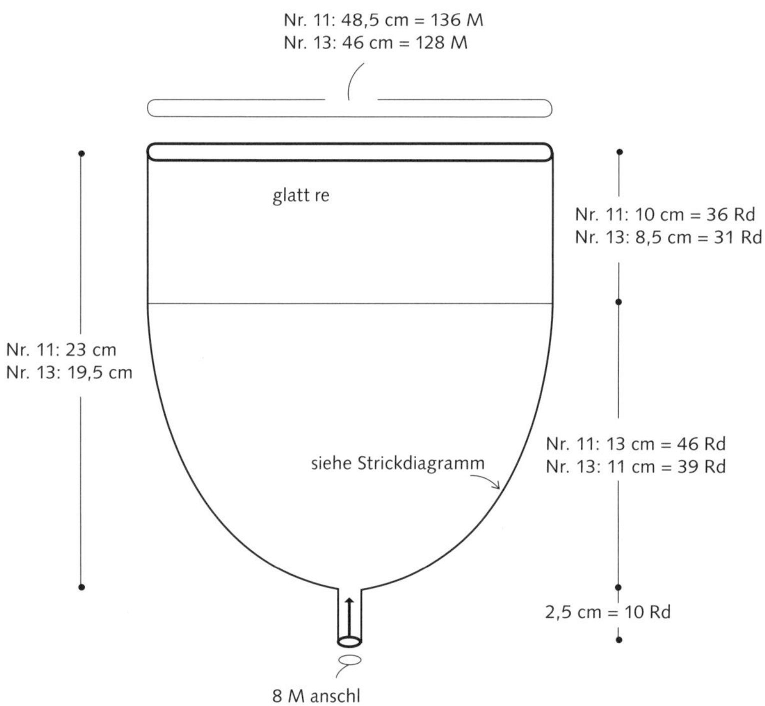


### Zunahmen

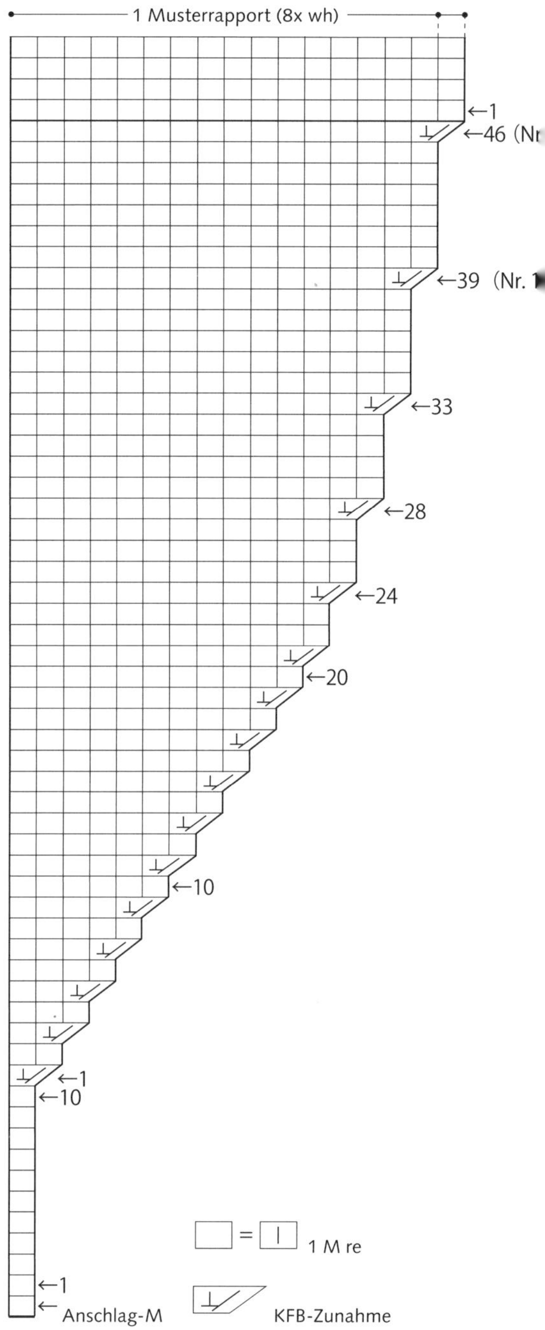

Donguri Mitten

## Eichel-Fäustlinge (Nr. 12, Nr. 14)

**Wolle:** Nr. 12: Schoppel Edition3, Regenbogengarn in Grau und Weinrot (2299), 50 g
Nr. 14: Schoppel Edition3, Regenbogengarn in Blau und Beige (2329), 30 g
**Nadeln:** Nadelspiel Stärke 3
**Zubehör:** Maschenstopper, Stopfnadel
**Maschenprobe:** 28 M x 36 R glatt re = 10 x 10 cm
**Maße:** Nr. 12: Handumfang 18 cm, Länge 20 cm
Nr. 14: Handumfang 14 cm, Länge 15,5 cm

**Strickanleitung (siehe S. 6–9, S. 48–57)**
Dieses Modell wird wie die einfachen Windrad-Fäustlinge gestrickt. Glatt re stricken wie im Diagramm angegeben, dann isländisch abketten. Das Bündchen ebenfalls glatt re stricken und isländisch abketten. Den zweiten Fäustling auf dieselbe Weise stricken.

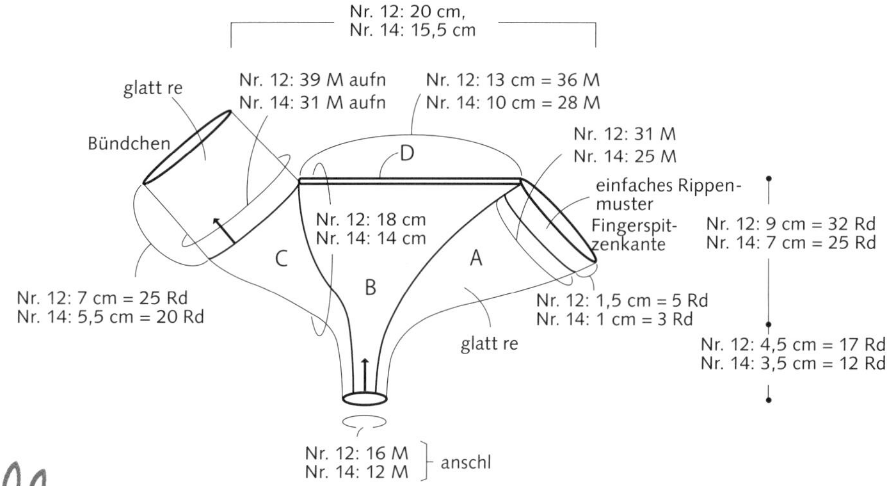


Windmill

## Bequeme Windrad-Fäustlinge (Nr. 25)

**Wolle:** Schoppel Reggae Ombre, Regenbogengarn in Orange und Grün (1505), 85 g
**Nadeln:** Nadelspiel Stärke 4
**Zubehör:** Maschenstopper, Stopfnadel
**Maschenprobe:** 21 M x 28 R glatt re = 10 x 10 cm
**Maße:** Handumfang 22 cm, Länge 27,5 cm

**Strickanleitung (siehe S. 6–9, S. 48–57)**
Dieses Modell wird wie die einfachen Windrad-Fäustlinge gestrickt. Im Rippenmuster und glatt re stricken wie im Diagramm angegeben, dann mit Kordelrand abketten. Zu den letzten 3 M des Kordelrands die 35 M der Bündchenseite aufnehmen und das Bündchen im einfachen Rippenmuster stricken, dann elastisch abketten. Den zweiten Fäustling auf dieselbe Weise stricken.

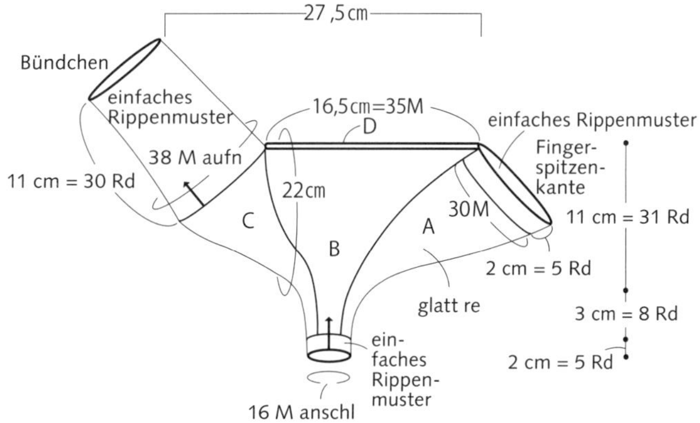

# Sand Stitch

## Fäustlinge mit Rippenmuster (Nr. 17)

Durch das abgewandelte Rippenmuster kommt die Windrad-Optik hier noch schöner zur Geltung.

**Wolle:** Schoppel Cashmere Queen, Grau (9220), 50 g
**Nadeln:** Nadelspiel Stärke 3,5
**Zubehör:** Maschenstopper, Stopfnadel
**Maschenprobe:** 21 M x 31 R im Muster = 10 x 10 cm
**Maße:** Handumfang 20 cm, Länge 20,5 cm

**Strickanleitung (siehe S. 6–9, S. 48–57)**
Dieses Modell wird wie die einfachen Windrad-Fäustlinge gestrickt. Im abgewandelten Rippenmuster stricken wie im Diagramm angegeben, dann isländisch abketten. Am Bündchen 1 M zunehmen, das Muster von C fortsetzen und isländisch abketten. Den zweiten Fäustling auf dieselbe Weise stricken.

### Abgewandeltes Rippenmuster und Zunahmen (A, B, C, D)

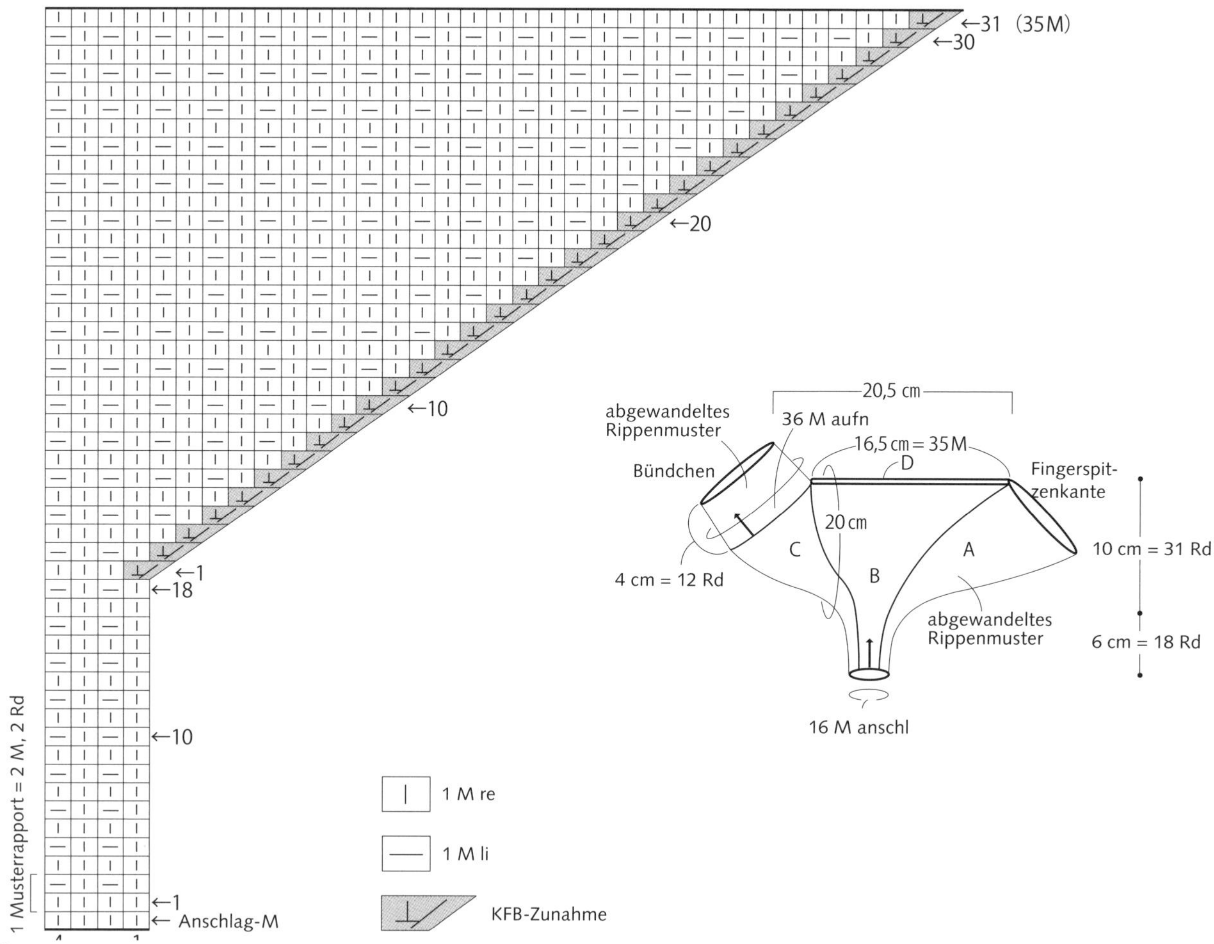

## Fäustlinge im Rippenmuster (Nr. 18)

Hier verläuft das Rippenmuster gerade von der Fingerspitzenkante bis zum Bündchen und unterstreicht so das Design.

**Wolle:** Schoppel Cashmere Queen, Orange (0781), 40 g
**Nadeln:** Nadelspiel Stärke 3,5
**Zubehör:** Maschenstopper, Stopfnadel
**Maschenprobe:** 21 M x 31 R im Muster = 10 x 10 cm
**Maße:** Handumfang 19 cm, Länge 20 cm

**Strickanleitung (siehe S. 6–9, S. 48–57)**
Dieses Modell wird wie die einfachen Dreieck-Fäustlinge gestrickt. Im abgewandelten Rippenmuster stricken wie im Diagramm angegeben, dann isländisch abketten. Am Bündchen 2 M zunehmen, das Muster von C fortsetzen und isländisch abketten. Den zweiten Fäustling auf dieselbe Weise stricken.

### Abgewandeltes Rippenmuster und Zunahmen (A, B, C, D)

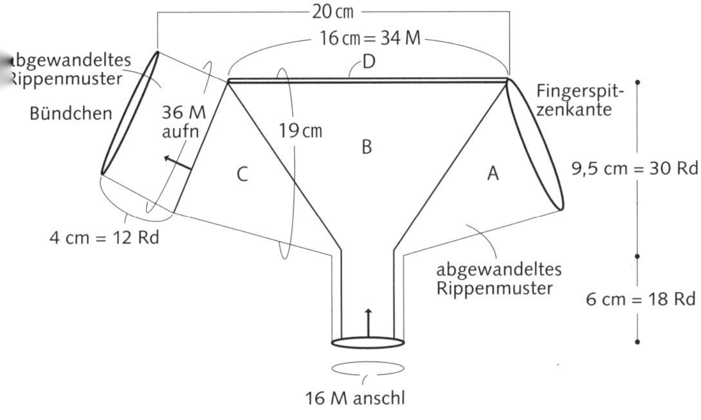


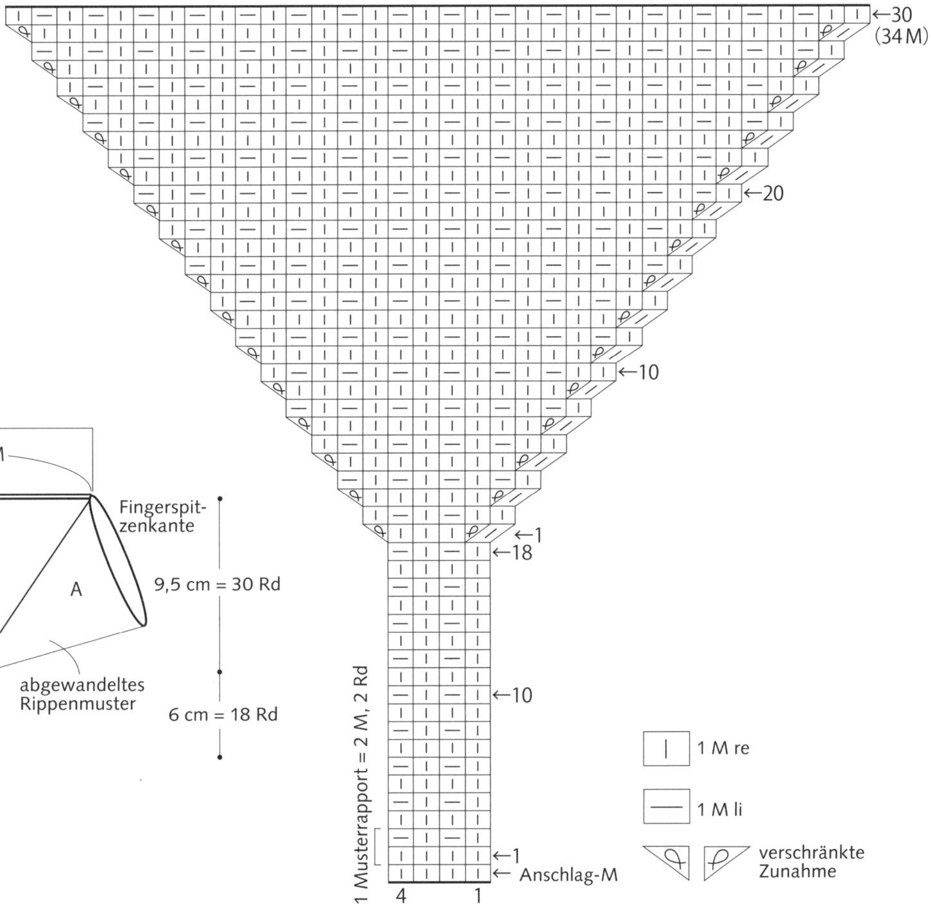

# Hurdle Stitch

## Fäustlinge im Waffelmuster (Nr. 42)

Auf Englisch heißt dieses Muster auch „Hurdle Stitch", weil die rechten und linken Maschen aussehen wie aufgereihte kleine Hürden.

**Wolle:** Schoppel Edition3, Regenbogengarn in Rosa (2301), 40 g
**Nadeln:** Nadelspiel Stärke 3
**Zubehör:** Maschenstopper, Stopfnadel
**Maschenprobe:** 28 M x 40 R im Waffelmuster = 10 x 10 cm
**Maße:** Handumfang 16 cm, Länge 18 cm

**Strickanleitung** **(siehe S. 6–9, S. 48–57)**
Dieses Modell wird wie die einfachen Dreieck-Fäustlinge gestrickt. Im Waffelmuster stricken wie im Diagramm angegeben, dann isländisch abketten. Am Bündchen so zum einfachen Rippenmuster übergehen, dass das Muster von C fortgesetzt wird, dann isländisch abketten. Den zweiten Fäustling auf dieselbe Weise stricken.

### Waffelmuster und Zunahmen (A, B, C, D)

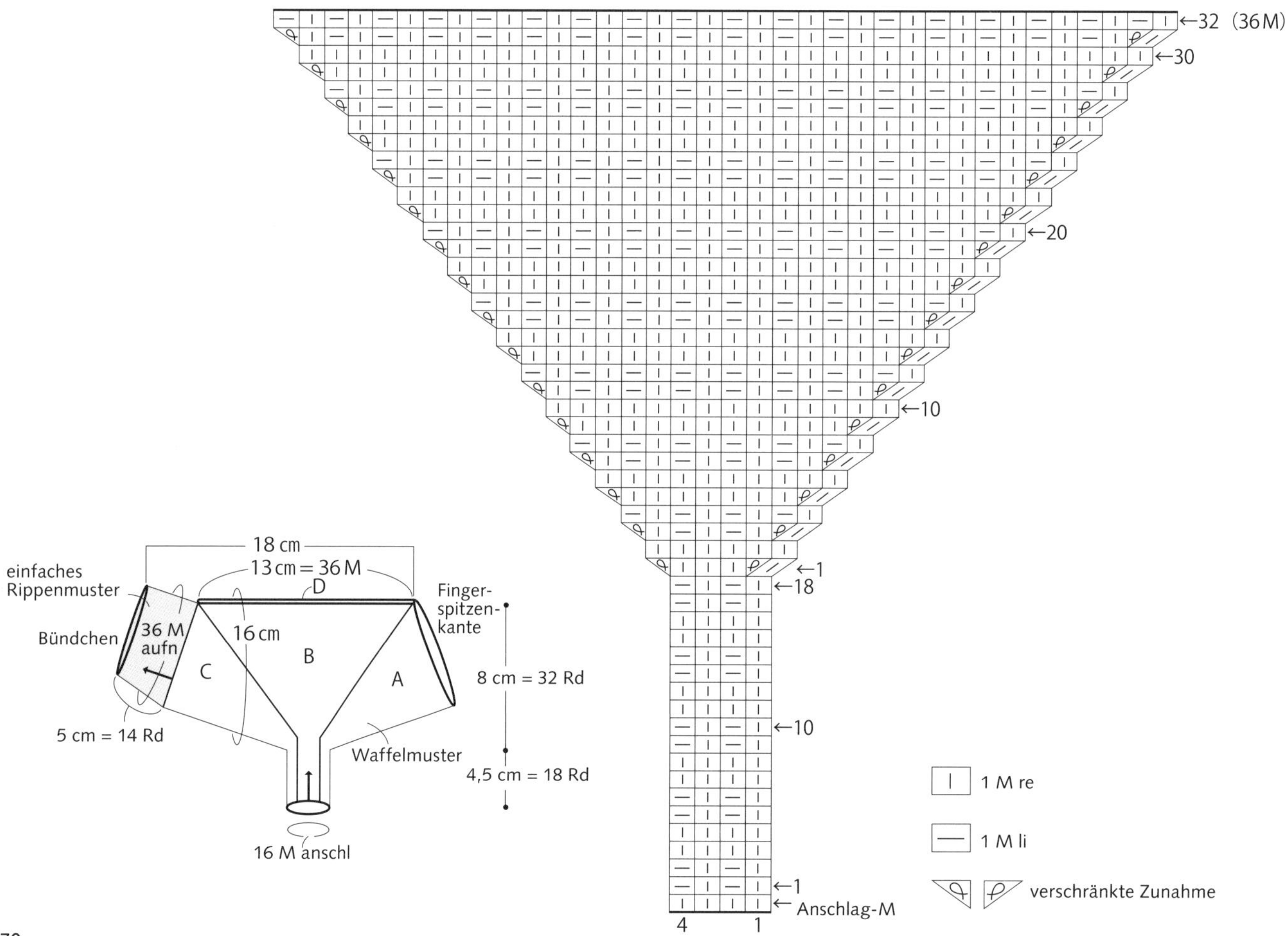

Cable

## Fäustlinge mit Zopfmuster (Nr. 43, Nr. 44)

Der um die Hand laufende Zopf betont das Windrad-Design.

**Wolle:** Nr. 43: Ski Tasmanian Polwarth, Beige (7025), 60 g
Nr. 44: Ski Tasmanian Polwarth, Biskuit (7006), 45 g
**Nadeln:** Nadelspiel Stärke 3
**Zubehör:** Zopfmusternadel, Maschenstopper, Stopfnadel
**Maschenprobe:** Zopfmuster: 6 M = 1,5 cm, 40 R = 10 cm
Perlmuster: 26 M x 40 R = 10 x 10 cm
**Maße:** Nr. 43: Handumfang 20 cm, Länge 21,5 cm
Nr. 44: Handumfang 17 cm, Länge 17,5 cm

**Strickanleitung (siehe S. 6–9, S. 48–57)**
Dieses Modell wird wie die einfachen Windrad-Fäustlinge gestrickt. Im Zopfmuster und Perlmuster stricken wie im Diagramm angegeben, dann mit Kordelrand abketten. Das Bündchen im einfachen Rippenmuster stricken und den Zopf aus Teil C weiterführen. Isländisch abketten. Den zweiten Fäustling auf dieselbe Weise stricken.

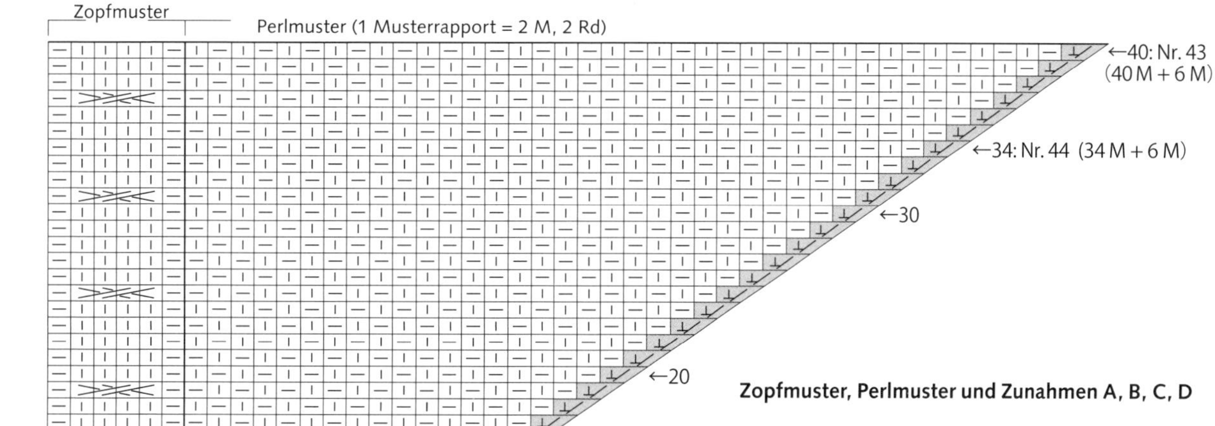
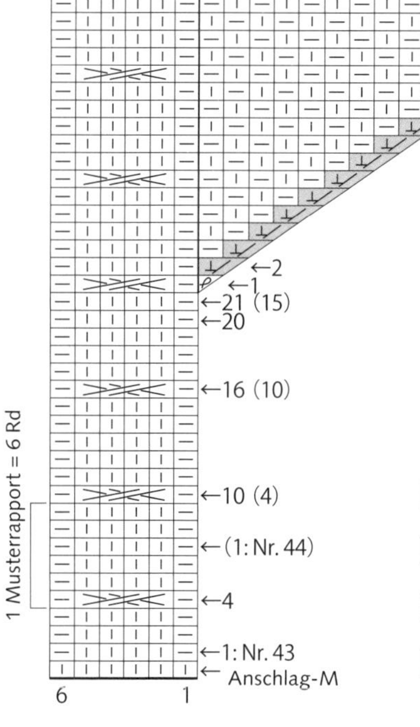


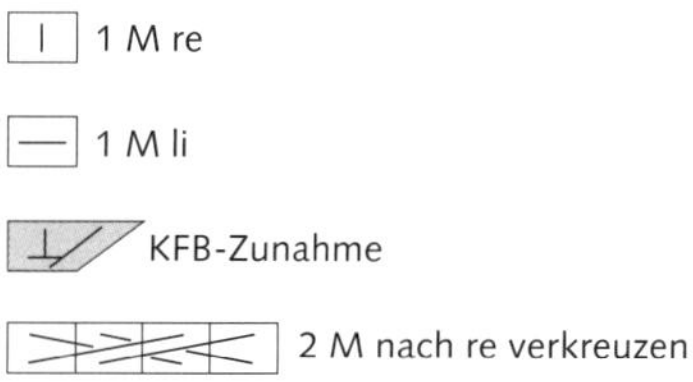


**Zopfmuster, Perlmuster und Zunahmen A, B, C, D**

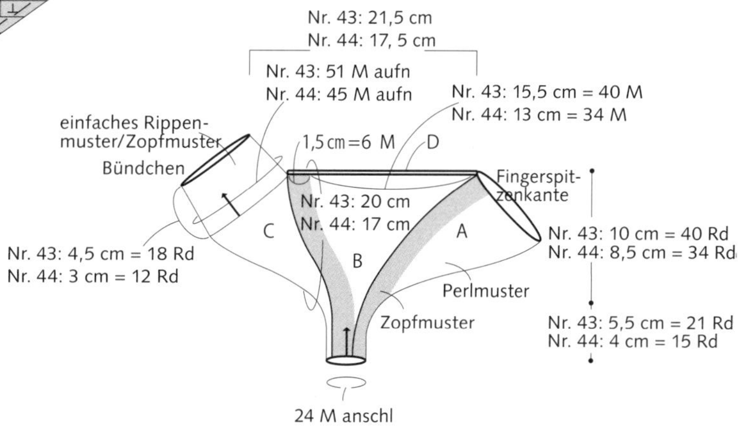

Mitten with Cap

# Fäustlinge mit Kappe (Nr. 19, Nr. 20)

Die Kappe mit den Querstreifen ist anknöpfbar.

**Wolle:** Nr. 19: DARUMA Shetland Wool, Rosa (4), 50 g; Grün (7), 20 g
Nr. 20: Ski Tasmanian Polwarth, Braun (7022), 50 g; Blaugrün (7009), 30 g
**Materialien:** 4 Knöpfe, 1,8 cm Durchmesser
**Nadeln:** Nr. 19: Nadelspiel Stärke 3,5; Nr. 20: Nadelspiel Stärke 3
**Zubehör:** Maschenstopper, Stopfnadel
**Maschenprobe:** Nr. 19: 22 M x 30 R glatt re = 10 x 10 cm
Nr. 20: 26 M x 36 R glatt re = 10 x 10 cm
**Maße:** Nr. 19, Nr. 20: Handumfang 20 cm, Länge 25,5 cm

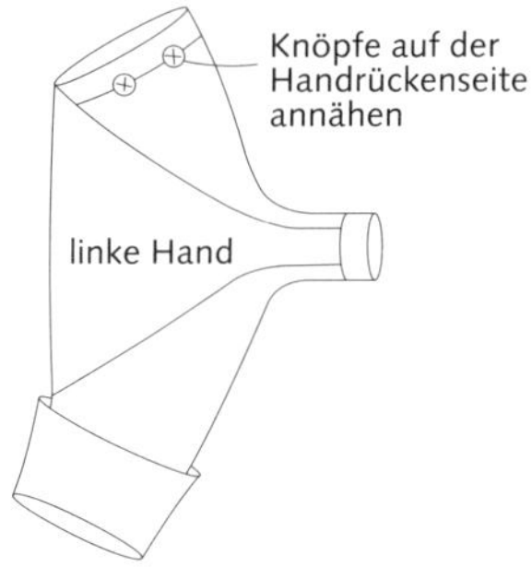


**Strickanleitung (siehe S. 6–9, S. 48–57)**
Dieses Modell wird wie die einfachen Dreieck-Fäustlinge gestrickt. Den Hauptteil für Nr. 19 in Rosa, für Nr. 20 in Braun stricken wie im kleinen Diagramm angegeben, dann isländisch abketten. Das Bündchen im einfachen Rippenmuster für Nr. 19 in Grün, für Nr. 20 in Blaugrün stricken und isländisch abketten. Knöpfe annähen. Die Fingerspitzenkappe im Streifenmuster glatt re stricken, dabei die Knopflöcher einarbeiten und die Abnahmen durchführen, wie es im Strickdiagramm angegeben ist. Die letzten M (Nr. 19: 12 M, Nr. 20: 10 M) auf 2 Nadeln verteilen, mit der Kabusehagi-Technik auf 1 Nadel legen und die verbliebenen 6 M (Nr. 19) bzw. 5 M (Nr. 20) isländisch abketten. Den zweiten Fäustling auf dieselbe Weise stricken.

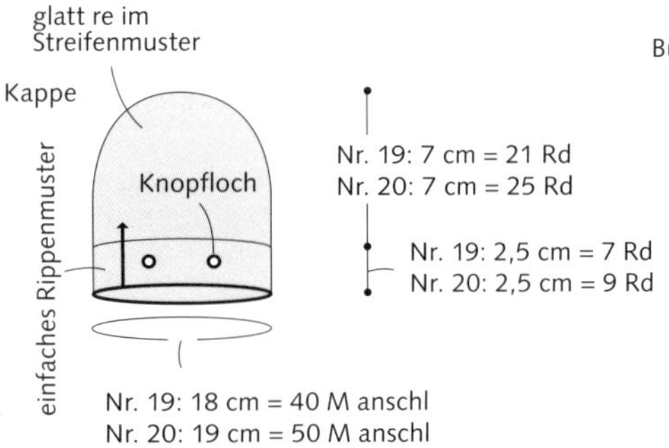


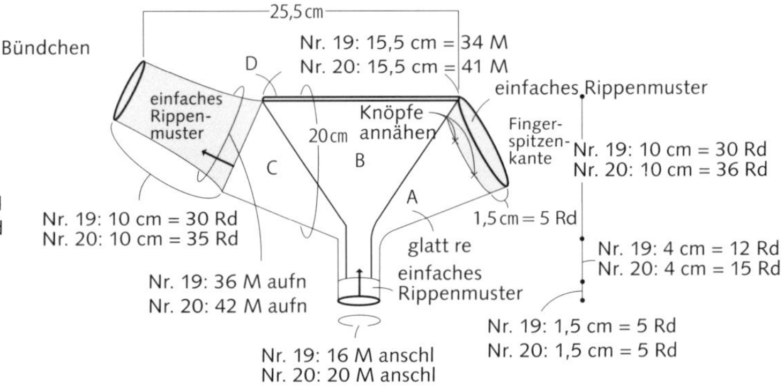


**Abnahmen und Knopflöcher (Fingerspitzenkappe)**

**Nr. 19**

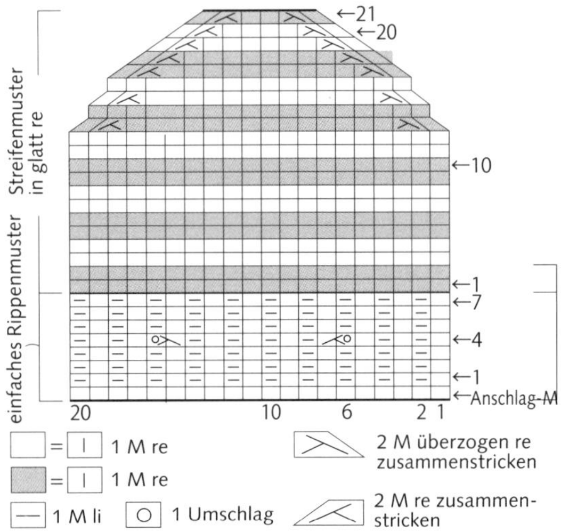


**Nr. 20**

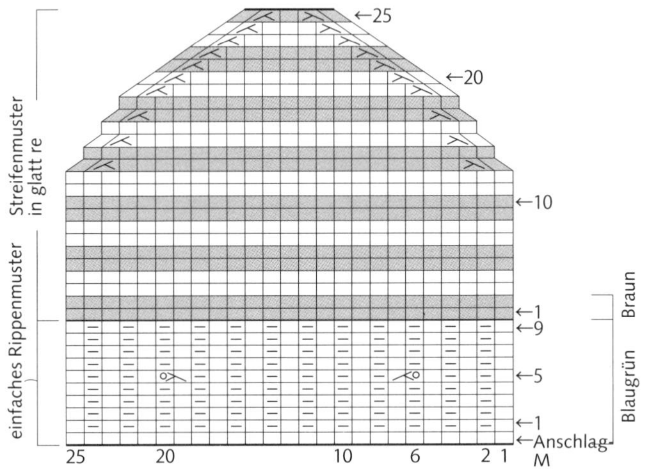

# Flower

## Fäustlinge mit Blütenbündchen (Nr. 23, Nr. 24)

Für das Blütenmuster im Bündchen werden Lang-M umwickelt. In zwei Farben und mit einem Kordelrand als Abschluss ist die Wirkung noch stärker.

**Wolle:** Nr. 23: Schoppel Edition3, Regenbogengarn in Orange und Blau (2296), 50 g
Nr. 24: Puppy Princess Anny, Schwarz (520), 35 g; Rot (555), 15 g
**Nadeln:** Nadelspiel Stärke 3
**Zubehör:** Maschenstopper, Stopfnadel
**Maschenprobe:** 28 M x 34 R glatt re = 10 x 10 cm
**Maße:** Handumfang 19 cm, Länge 18 cm

**Strickanleitung (siehe S. 6–9, S. 48–57)**
Dieses Modell wird wie die einfachen Windrad-Fäustlinge gestrickt. Im einfachen Rippenmuster und glatt re stricken wie im Strickdiagramm angegeben (Nr. 24: in Schwarz), dann mit Kordelrand abketten (Nr. 24: in Rot). Für das Bündchen die M von C auf 4 Nadeln verteilen und gleichzeitig Maschen zunehmen, wie es im Strickdiagramm angegeben ist (Nr. 24: in Rot), das Bündchen im Blütenmuster stricken und isländisch abketten. Den zweiten Fäustling auf dieselbe Weise stricken.

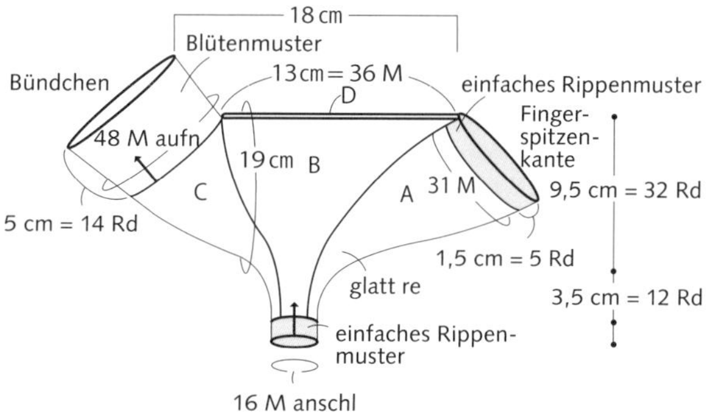


**Blütenmuster und Maschen aufnehmen**

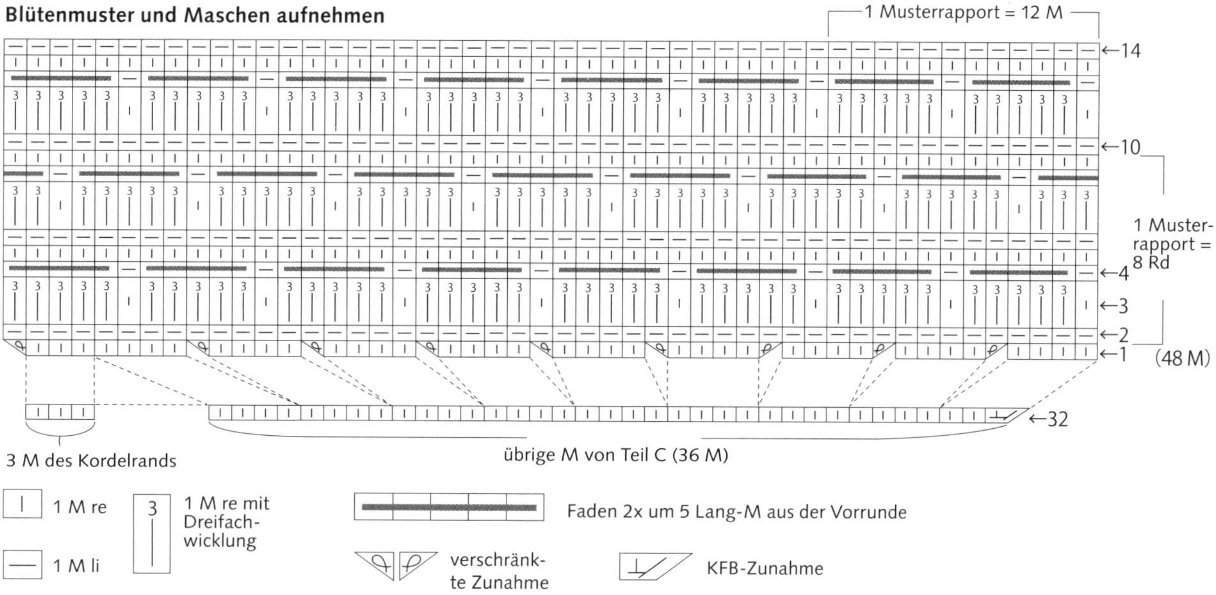

# Bloom Family Set

## Bloom-Set für die ganze Familie (Nr. 31, Nr. 32, Nr. 33), Fisch-Fäustlinge (Nr. 34, Nr. 38)

**Wolle:** YANAGIYARN Bloom
Nr. 31: Türkis (10), 40 g; Limette (8), 20 g; Blau (11), 5 g
Nr. 32: Blau, 35 g; Türkis, 15 g; Limette, 5 g
Nr. 33: Limette, 30 g; Blau, 10 g; Türkis, 5 g
Nr. 34: Elfenbein (2), 20 g; Violett (7), 5 g
Nr. 38: Grün (9), 20 g; Orange (4), 5 g
**Materialien:** Nr. 34, Nr. 38: je 1 Knopf, Durchmesser 1,8 cm; je 1 schwarzer Klebepunkt, Durchmesser 1,8 cm
**Nadeln:** Nadelspiel Stärke 3,5
**Zubehör:** Maschenstopper, Stopfnadel
**Maschenprobe:** 25 M x 37 R im Muster = 10 x 10 cm
**Maße:** Nr. 31: Handumfang 20 cm, Länge 20 cm
Nr. 32: Handumfang 17 cm, Länge 17 cm
Nr. 33: Handumfang 14 cm, Länge 14 cm
Nr. 38: Handumfang 14 cm, Länge 16 cm

**Strickanleitung (siehe S. 6–9, S. 48–57).**
Sofern nicht anders angegeben, werden die Modelle identisch gestrickt. Die Modelle werden wie die einfachen Windrad-Fäustlinge gestrickt. Im Muster in den Farben stricken, die im Strickdiagramm angegeben sind. Die Fingerspitzenkante und die Handkante mit Kordelrand abketten. Zusammen mit den Bündchen-M die letzten 3 M des Kordelrands mit aufnehmen, das Bündchen im doppelten Rippenmuster (2 M re, 2 M li im Wechsel) stricken und isländisch abketten. Den zweiten Fäustling auf dieselbe Weise stricken. Nr. 34 und Nr. 38 werden ebenso gestrickt wie Nr. 33, jedoch das Bündchen als Fischschwanz in dem Muster und mit den Zunahmen stricken, wie es im Strickdiagramm auf Seite 75 angegeben ist. Anschließend isländisch abketten. Die Flosse stricken und annähen. Den Klebepunkt auf dem Knopf befestigen und diesen annähen.

**Nr. 31 – Strickdiagramm: Muster und Zunahmen**

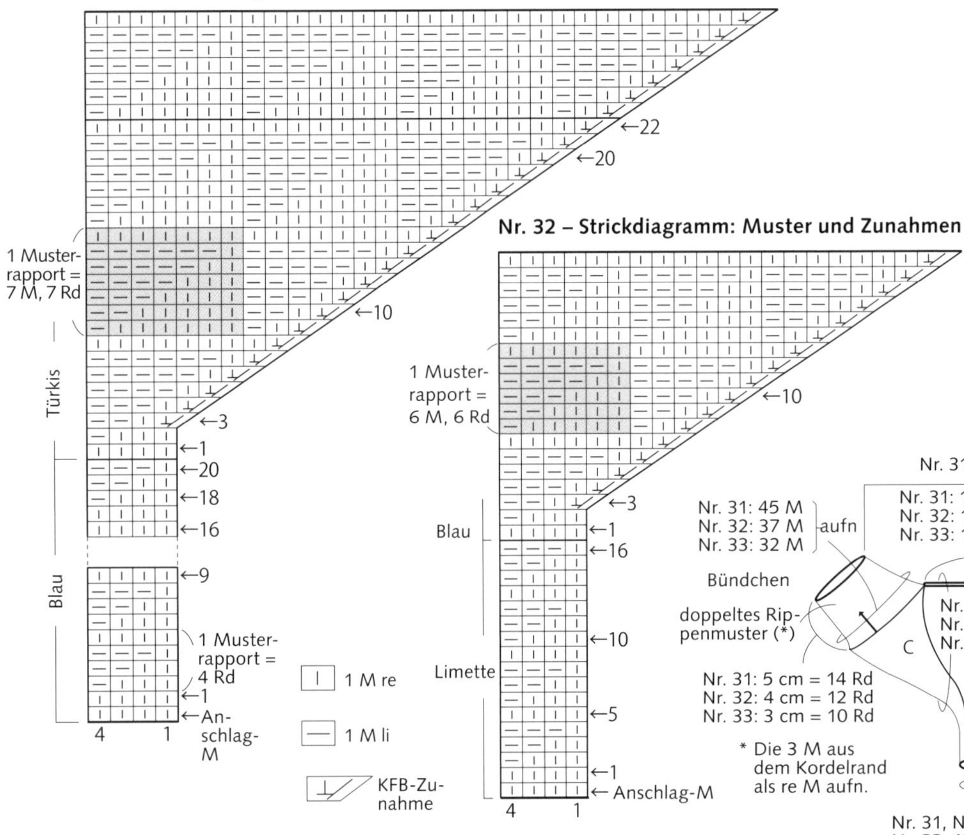


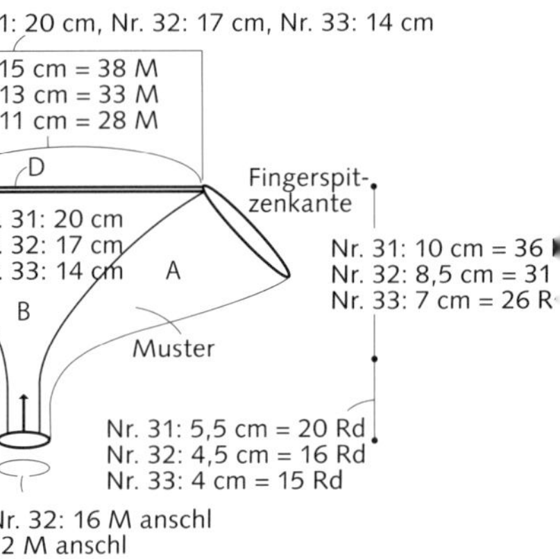

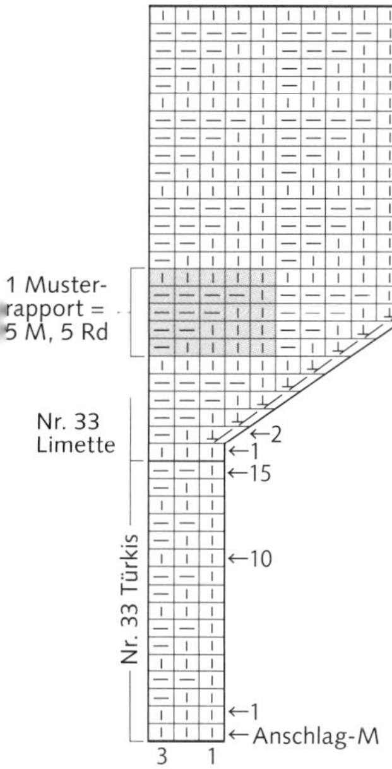


**Nr. 34 (Violett), Nr. 38 (Orange) – Muster Fischschwanz (Bündchen)**

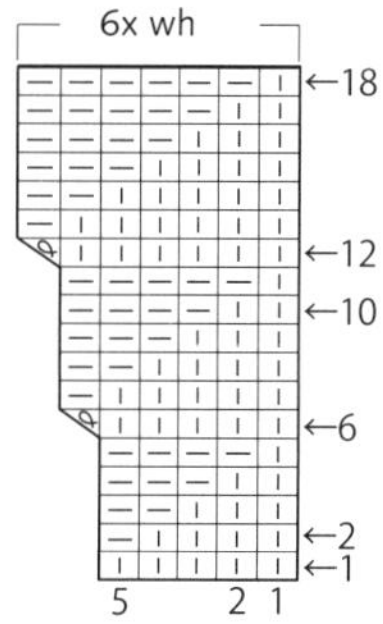


**Nr. 33, Nr. 34, Nr. 38 – Strickdiagramm: Muster und Zunahmen (Nr. 34: Elfenbein, Nr. 38: Grün)**

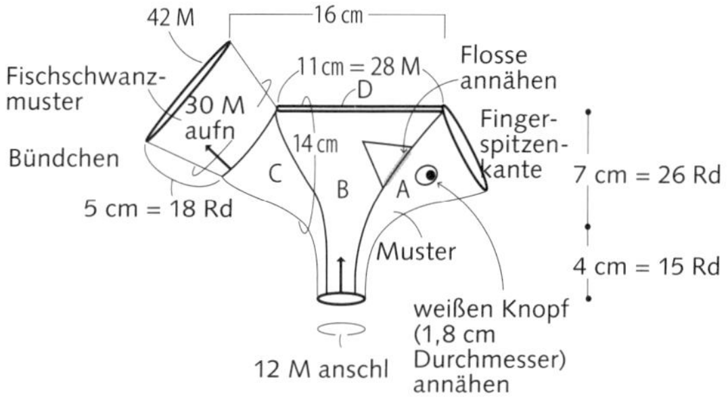


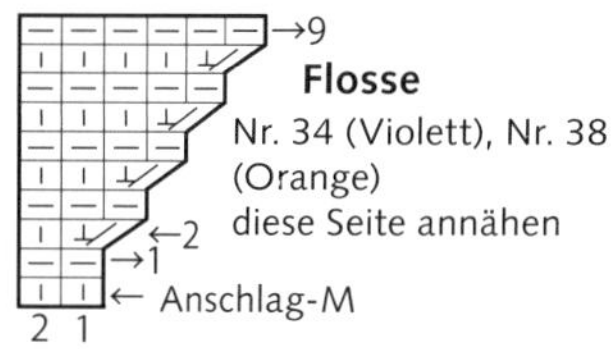


* Bei Nr. 34 Auge und Flosse auf der gegenüberliegenden Seite annähen.

# Bloom Stripes

## Set mit Streifenmuster (Nr. 30)

**Wolle:** YANAGIYARN Bloom Grau (14), 40 g; Violett (7), 25 g
**Nadeln:** Nadelspiel Stärke 3,5
**Zubehör:** Maschenstopper, Stopfnadel
**Maschenprobe:** 22 M x 29 R glatt re = 10 x 10 cm
**Maße:** Handumfang 22 cm, Länge 23 cm

**Strickanleitung (siehe S. 6–9, S. 48–57)**

Dieses Modell wird wie die einfachen Dreieck-Fäustlinge gestrickt, wobei alle 2 Rd zwischen Violett und Grau gewechselt wird wie im Strickdiagramm angegeben. Fingerspitzenkante und Handkante mit Grau elastisch abketten. Für das Bündchen die 36 restlichen M aufnahmen und 21 Rd im Muster stricken, dabei die Zunahmen durchführen wie im Strickdiagramm angegeben. Isländisch abketten. Den zweiten Fäustling auf dieselbe Weise stricken.

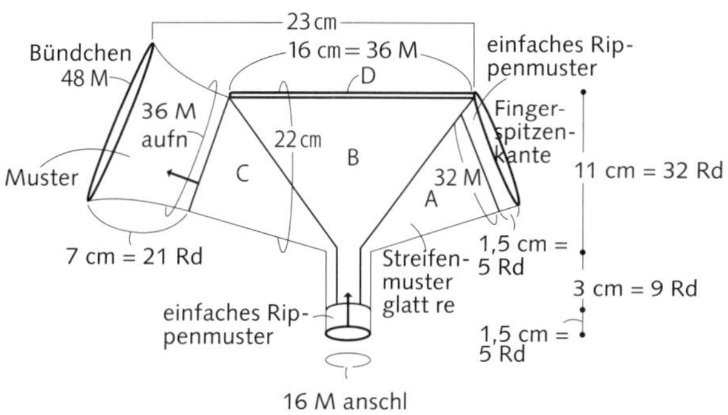


**Farbverteilung Streifenmuster**

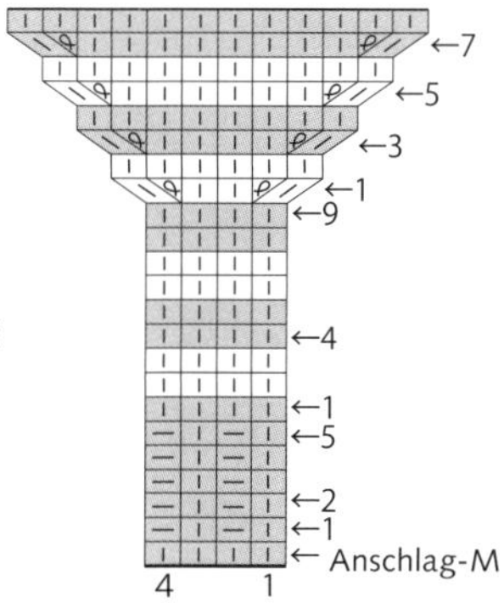


**Bündchenmuster**

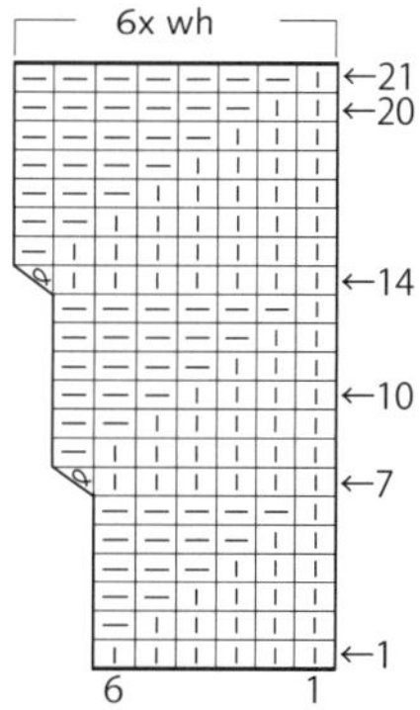


| 1 M re | — 1 M li | verschränkte Zunahme | Grau | Violett

Puppets

## Handpuppen (Nr. 39, Nr. 40, Nr. 41)

Das Schwein wird in Erwachsenengröße gestrickt, Elefant und Löwe in Kindergröße.

**Wolle:** Puppy Princess Anny
Nr. 39: Altrosa (527), 30 g; Schwarz (520), Rest
Nr. 40: Hellgrau (518), 20 g; Schwarz (520), Rest
Nr. 41: Gelbbraun (528), 20 g; Graubeige (529), 20 g; Schwarz (520), Rest
**Materialien:** Nr. 39: 1 Knopf, 3 cm Durchmesser
**Nadeln:** Nadelspiel Stärke 3,5
**Zubehör:** Maschenstopper, Stopfnadel
**Maschenprobe:** 24 M x 32 R glatt re = 10 x 10 cm
**Maße:** Nr. 39 (Erwachsene): Handumfang 21 cm, Länge 22,5 cm
Nr. 40 (Kinder): Handumfang 16 cm, Länge 27 cm
Nr. 41 (Kinder): Handumfang 16 cm, Länge 18 cm

**Strickanleitung (siehe S. 6–9, S. 48–57)**
Diese Modelle werden wie die einfachen Dreieck-Fäustlinge gestrickt. Sofern nicht anders angegeben, wird Nr. 39 in Altrosa, Nr. 40 in Hellgrau und Nr. 41 in Gelbbraun gestrickt wie in den Diagrammen angegeben. An der Fingerspitzenkante 1 R re M stricken (wird zur 1. R des Gesichts) und die M stilllegen. Die Handkantenseite isländisch abketten, das Bündchen im einfachen Rippenmuster stricken und ebenfalls isländisch abketten. Den Faden an der Fingerspitzenkante neu ansetzen und in der angegebenen Farbe in Rd weiterstricken, dabei die Abnahmen durchführen, wie es im Strickdiagramm angegeben ist. Die letzten übrigen M (Nr. 39: 10 M, Nr. 41: 6 M) auf 2 Nadeln verteilen, mit der Kabusehagi-Technik auf 1 Nadel legen und die verbliebenen 5 M (Nr. 39) bzw. 3 M (Nr. 41) isländisch abketten. Bei Nr. 40 die verbliebenen Maschen isländisch abketten. Ohren und Schwanz stricken wie im Diagramm angegeben. Für Nr. 41 eine Bommel in Graubeige anfertigen und an der Schwanzspitze befestigen. Ohren und Schwanz annähen. Für den Elefantenschwanz von Nr. 40 3 Fäden von 20 cm Länge so durch eine Strickmasche ziehen, dass zu beiden Seiten je eine Hälfte heraushängt, einen 5 cm langen Zopf flechten, verknoten und die Fadenenden abschneiden. Die Augen in Schwarz im Plattstich aufsticken. Für die Löwenmähne von Nr. 41 einige 10 cm lange Fäden in Graubeige jeweils doppelt nehmen, das Schlingenende durch eine Strickmasche ziehen, die beiden Fadenenden durch die entstandene Schlinge ziehen und so an der M befestigen. Vor den Ohren 1 Reihe, dahinter 3 Reihen (ca. 60 Fäden) so befestigen, dass eine gleichmäßige Mähne entsteht. Bei Nr. 39 als Schweinerüssel einen Knopf annähen.

**Nr. 39**

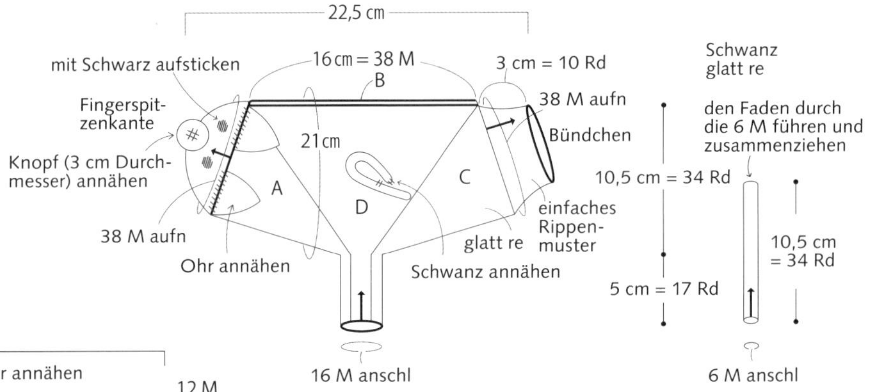


**Nr. 40**

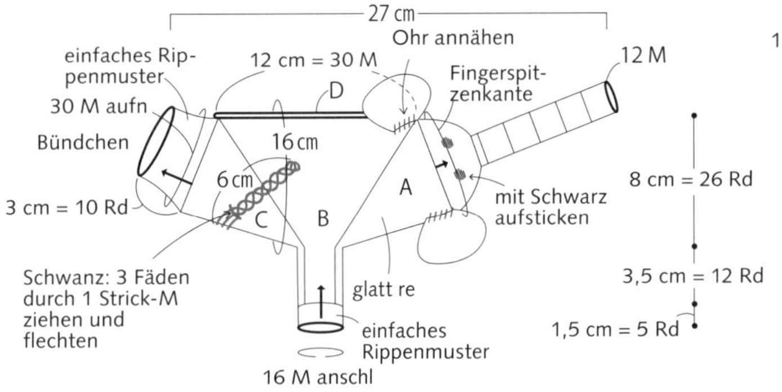

**Nr. 41**

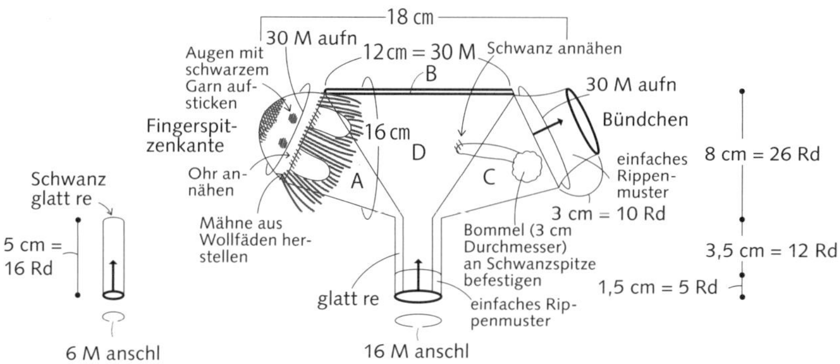


**Nr. 40 – Strickdiagramm Elefantenrüssel (Fingerspitzenseite)**

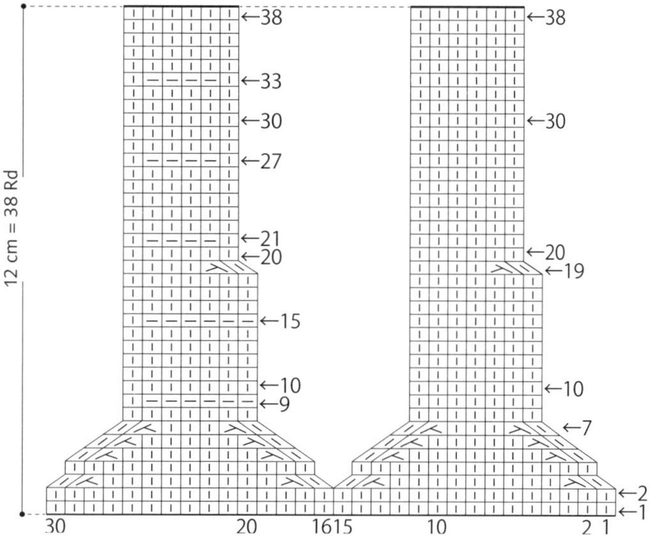


**Nr. 40 – Elefantenohr, 2x**

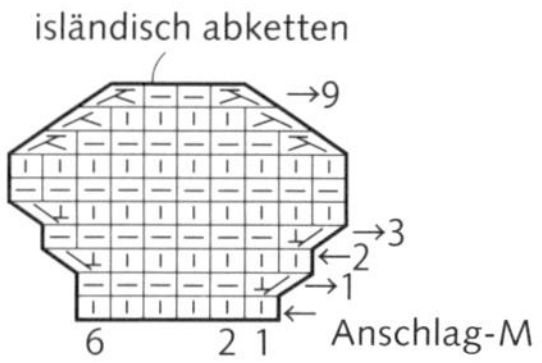


**Nr. 41 – Löwenohr, 2x**

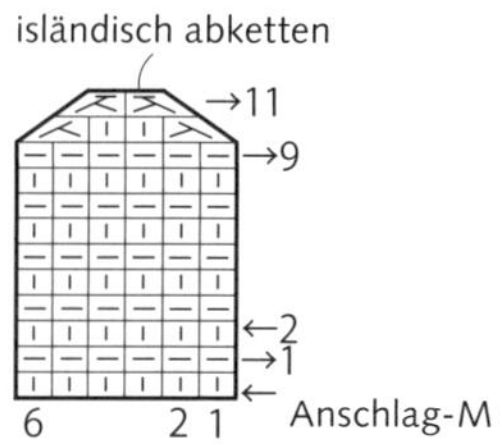


**Nr. 41 – Strickdiagramm Löwengesicht (Fingerspitzenseite)**

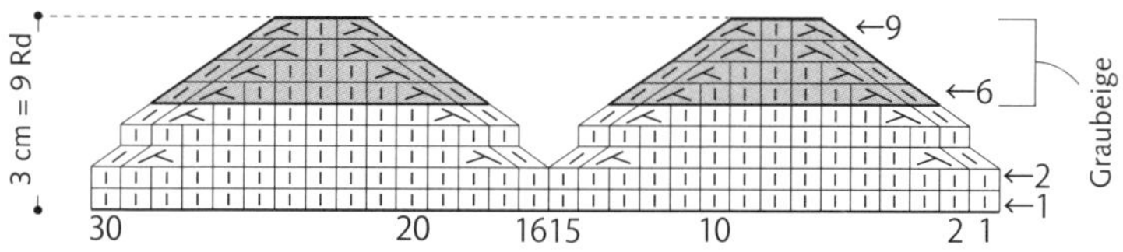


**Schweineohr, 2x**

Den Faden durch die letzten 6 M führen und zusammenziehen.

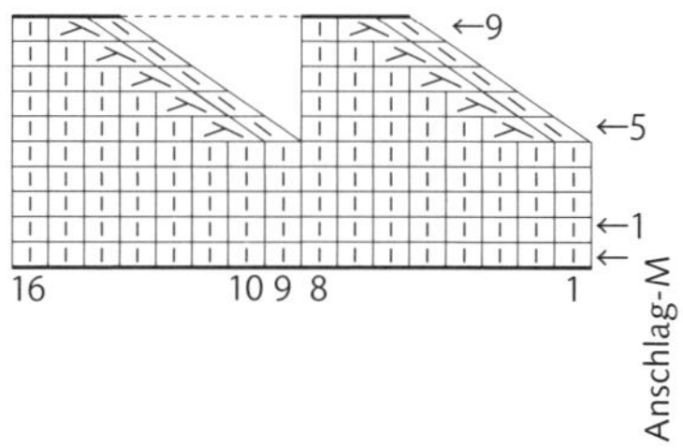


**Nr. 39 – Strickdiagramm Schweinegesicht (Fingerspitzenseite)**

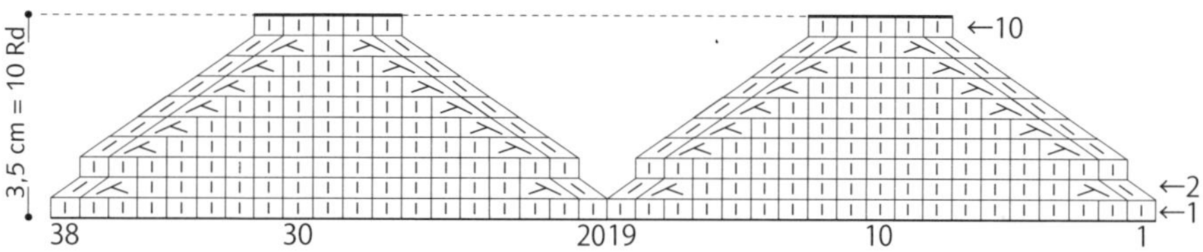


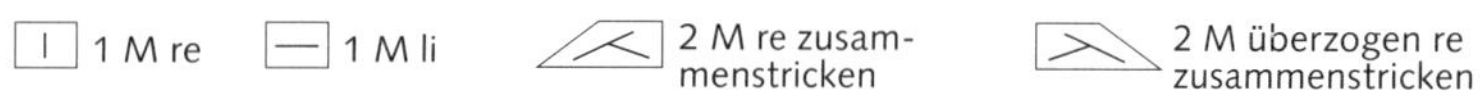

Spiky

## Stachel-Fäustlinge (Nr. 26, Nr. 27, Nr. 28)

Gearbeitet wird dieses Modell mit rechten Maschen; da aber das Stachelmuster auf der linken Seite erscheint, wird es zum Schluss gewendet.

**Wolle:** Nr. 26: Schoppel Edition3, Regenbogengarn in Khaki (2297), 50 g
Nr. 27: Schoppel Edition3, Regenbogengarn in Khaki (2297), 40 g
Nr. 28: Schoppel Edition3, Regenbogengarn in Grün (2298), 95 g
**Nadeln:** Nadelspiel Stärke 3 oder für Nr. 26: Rundstricknadel (40 cm) Stärke 3
**Zubehör:** Maschenstopper, Stopfnadel
**Maschenprobe:** Nr. 26 (Halswärmer): 36 M x 39 R im Stachelmuster = 10 x 10 cm
Nr. 27 (Kinderfäustlinge): 36 M x 30 R im Stachelmuster = 10 x 10 cm
Nr. 28 (Erwachsenenfäustlinge): 39 M x 35 R im Stachelmuster = 10 x 10 cm
**Maße:** Nr. 26: Umfang 40 cm, Höhe 14 cm
Nr. 27: Handumfang 14 cm, Länge 18,5 cm
Nr. 28: Handumfang 20 cm, Länge 28 cm

**Strickanleitung (siehe S. 6–9, S. 48–57)**
Für Nr. 26 mit Kreuzanschlag 144 M anschl, zur Rd schließen, im Stachelmuster stricken, wie es im Strickdiagramm angegeben ist, isländisch abketten.
Nr. 27 (S. 79) und Nr. 28 (S. 80) werden wie die einfachen Dreieck-Fäustlinge gestrickt. Im Stachelmuster stricken wie in den Strickdiagrammen angegeben, dann isländisch abketten. Das Bündchen bei Nr. 27 im Stachelmuster, bei Nr. 28 im einfachen Rippenmuster stricken und isländisch abketten. Den zweiten Fäustling auf dieselbe Weise stricken. Das Stachelmuster wird auf der linken Seite sichtbar, daher die Strickstücke ganz zum Schluss wenden.

**Nr. 26 – Strickdiagramm Stachelmuster (Halswärmer)**

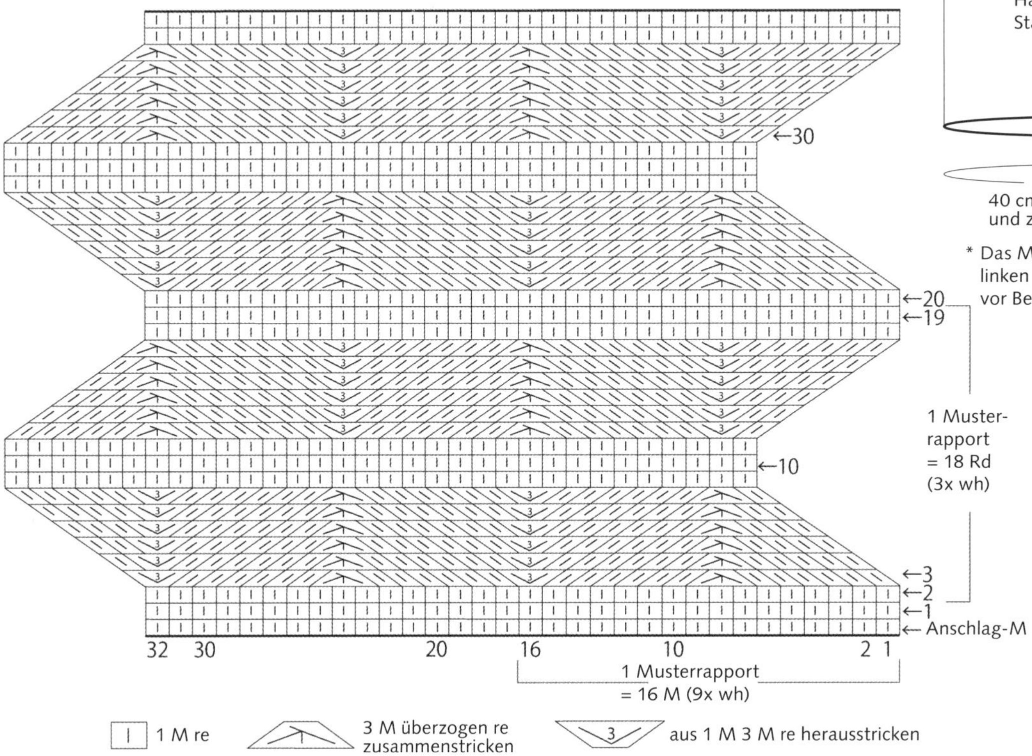


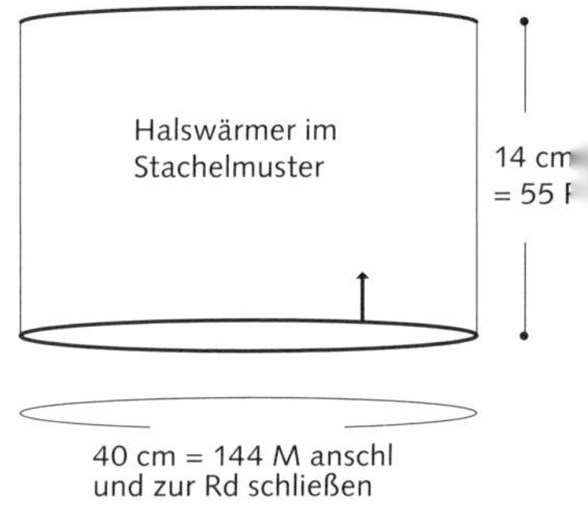


* Das Muster erscheint auf der linken Seite des Strickstücks, vor Benutzung wenden.

## Nr. 27 – Stachelmuster und Zunahmen (Kinder-Fäustlinge)

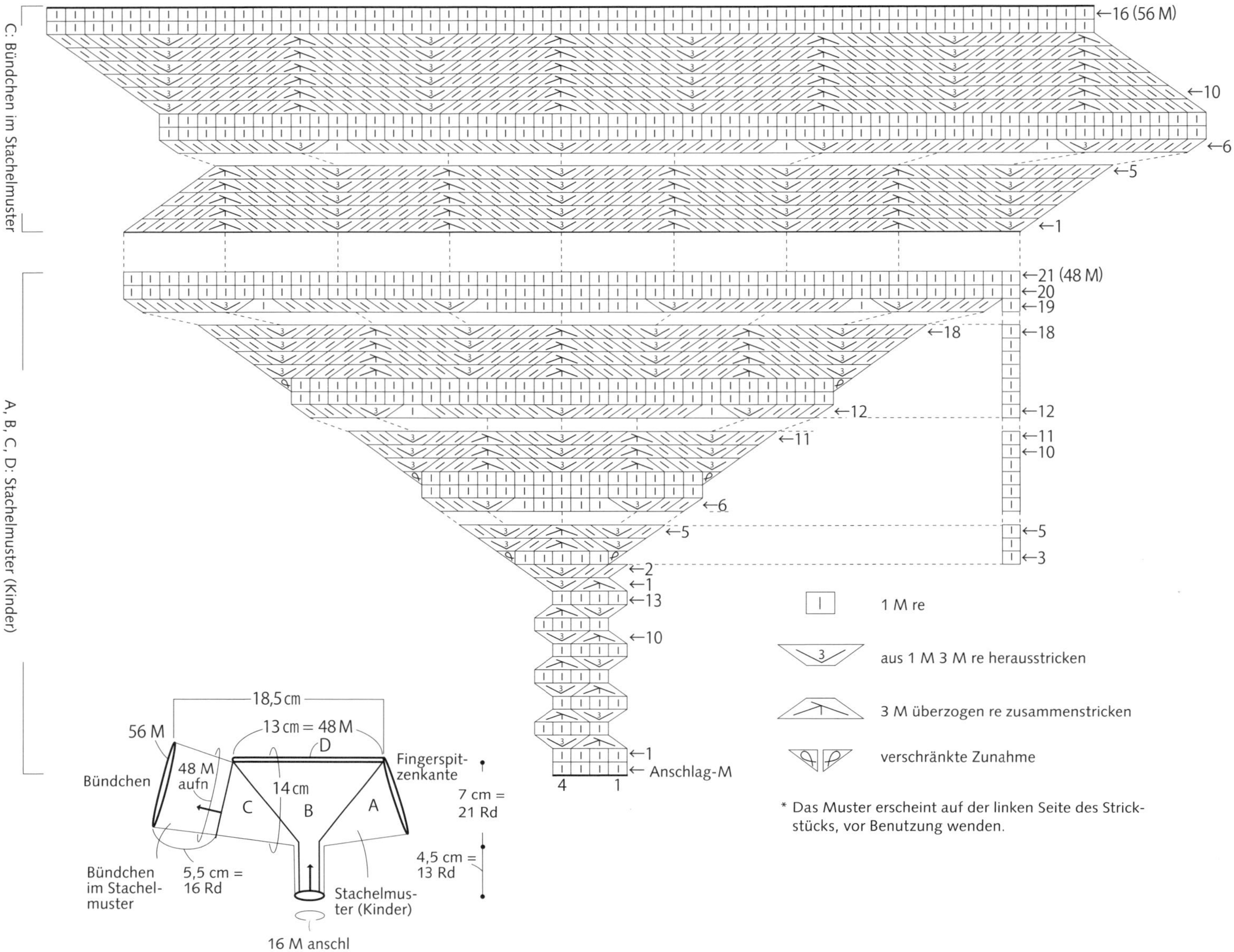


1 M re

aus 1 M 3 M re herausstricken

3 M überzogen re zusammenstricken

verschränkte Zunahme

* Das Muster erscheint auf der linken Seite des Strickstücks, vor Benutzung wenden.

## Nr. 28 – Stachelmuster und Zunahmen (Erwachsenen-Fäustlinge), A, B, C, D

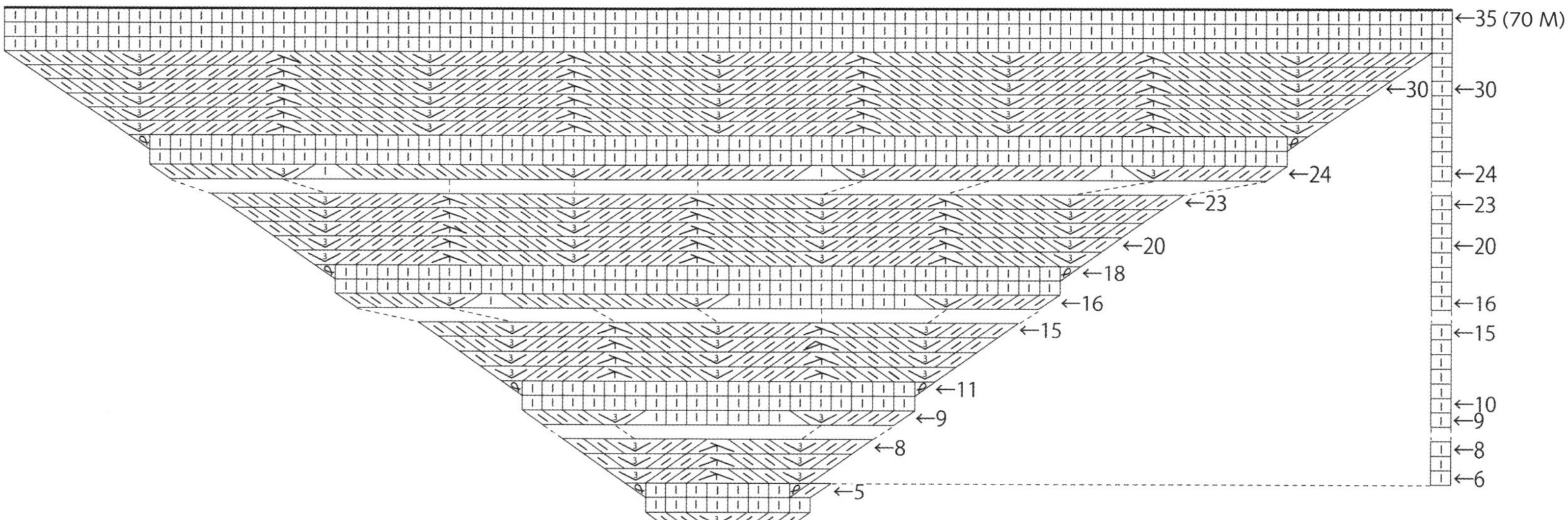
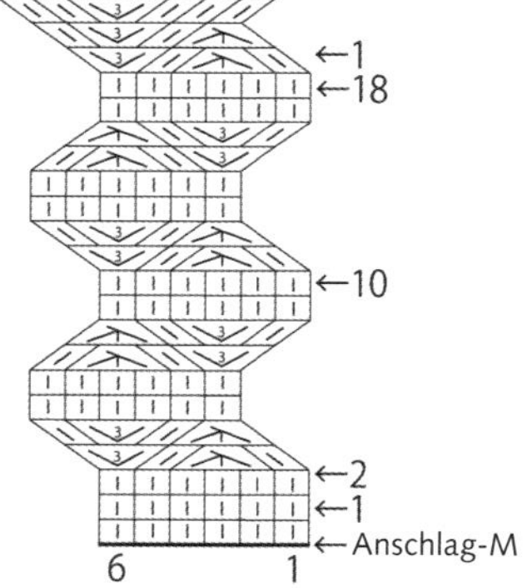


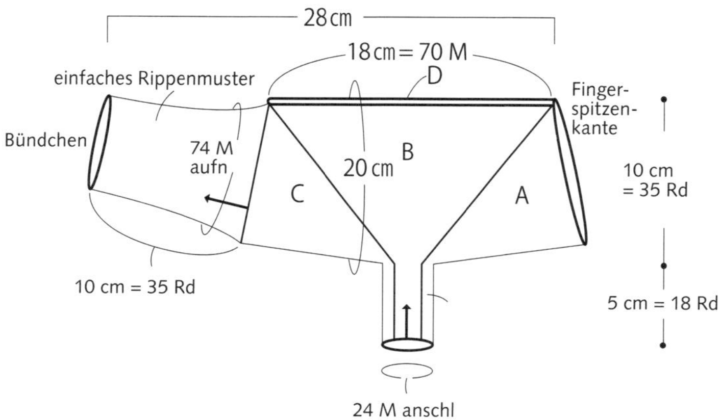


1 M re

aus 1 M 3 M re herausstricken

3 M überzogen re zusammenstricken

verschränkte Zunahme

* Das Muster erscheint auf der linken Seite des Strickstücks, vor Benutzung wenden.

# Omene Lace

## Fäustlinge mit Spitzenmuster „Omene“ (Nr. 47)

**Wolle:** Daruma iroiro Seegrün (22), 40 g
**Nadeln:** Nadelspiel Stärke 3
**Zubehör:** Maschenstopper, Stopfnadel
**Maschenprobe:** 26 M x 38 R im Muster = 10 x 10 cm
**Maße:** Handumfang 19 cm, Länge 22,5 cm

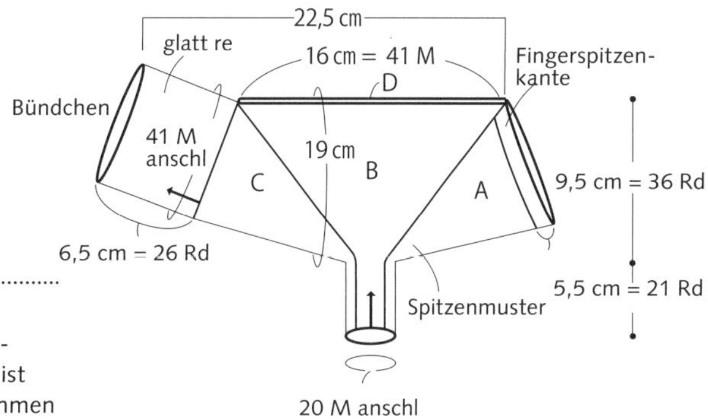


**Strickanleitung (siehe S. 6–9, S. 48–57)**
Dieses Modell wird wie die einfachen Dreieck-Fäustlinge in dem Muster gestrickt, das im Strickdiagramm angegeben ist. Achtung: Der Musterbeginn ist bei den Teilen A und C anders als bei B und D (siehe Diagramm)! Die Zunahmen erfolgen hier durch einfache Umschläge auf beiden Seiten jedes Teiles, die im Spitzenmuster aufgehen. Fingerspitzenkante und Handkantenseite isländisch abketten. Anschließend das Bündchen in glatt re stricken und isländisch abketten. Den zweiten Fäustling auf dieselbe Weise stricken.

**A (Krausrippen an der Fingerspitzenkante)**

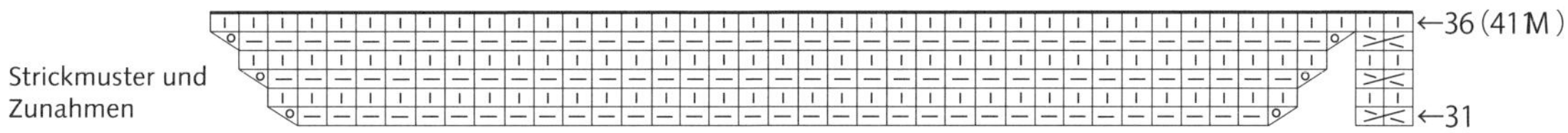


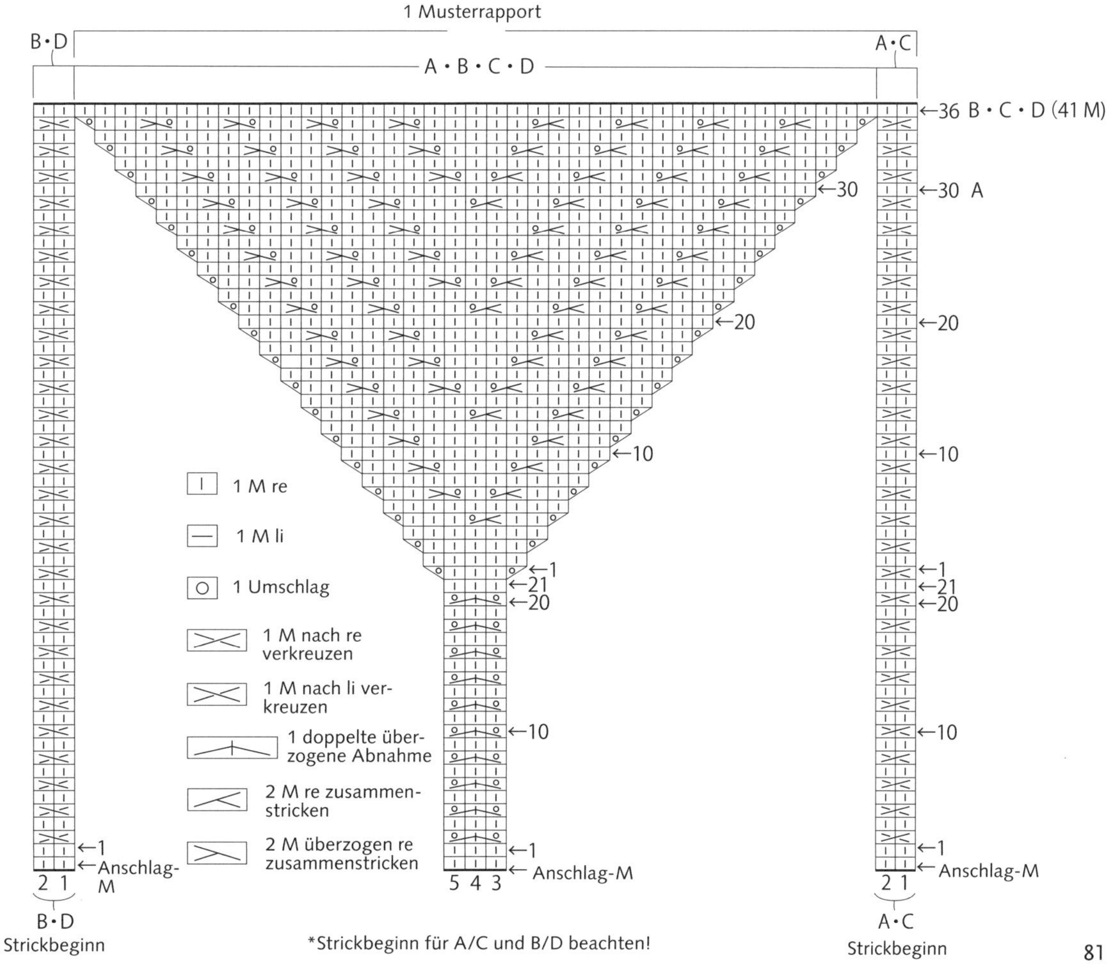

Wedding Gloves

## Brauthandschuhe (Nr. 48)

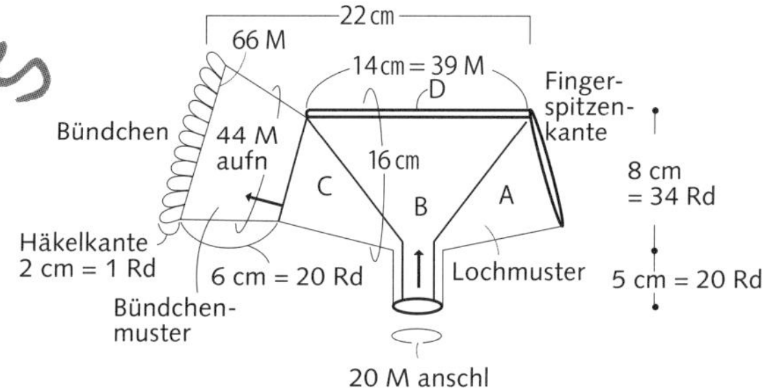


**Wolle:** Puppy Cotton Kona Fine, Weiß (301), 40 g
**Nadeln:** Nadelspiel Stärke 2,75, Häkelnadel Stärke 2
**Zubehör:** Maschenstopper, Stopfnadel
**Maschenprobe:** 28 M x 42 R im Muster = 10 x 10 cm
**Maße:** Handumfang 16 cm, Länge 22 cm

### Strickanleitung (siehe S. 6–9, 48–57)

Dieses Modell wird nach dem Dreieck-Grundprinzip in dem Muster gestrickt, das im Strickdiagramm angegeben ist. Achtung: Der Musterbeginn ist bei den Teilen A und C anders als bei B und D (siehe Diagramm)! Die Zunahmen erfolgen hier durch einfache Umschläge auf beiden Seiten jedes Teiles, die im Spitzenmuster aufgehen. Fingerspitzenkante und Handkantenseite mit Kordelrand abketten. Anschließend das Bündchen im Bündchenmuster stricken, dann mit der Häkelnadel durch Zusammenhäkeln von je 3 M abhäkeln und dabei zwischen den abgehäkelten M eine Häkelkante aus je 9 Luft-M häkeln. Den zweiten Fäustling auf dieselbe Weise stricken.

### C Bündchenmuster

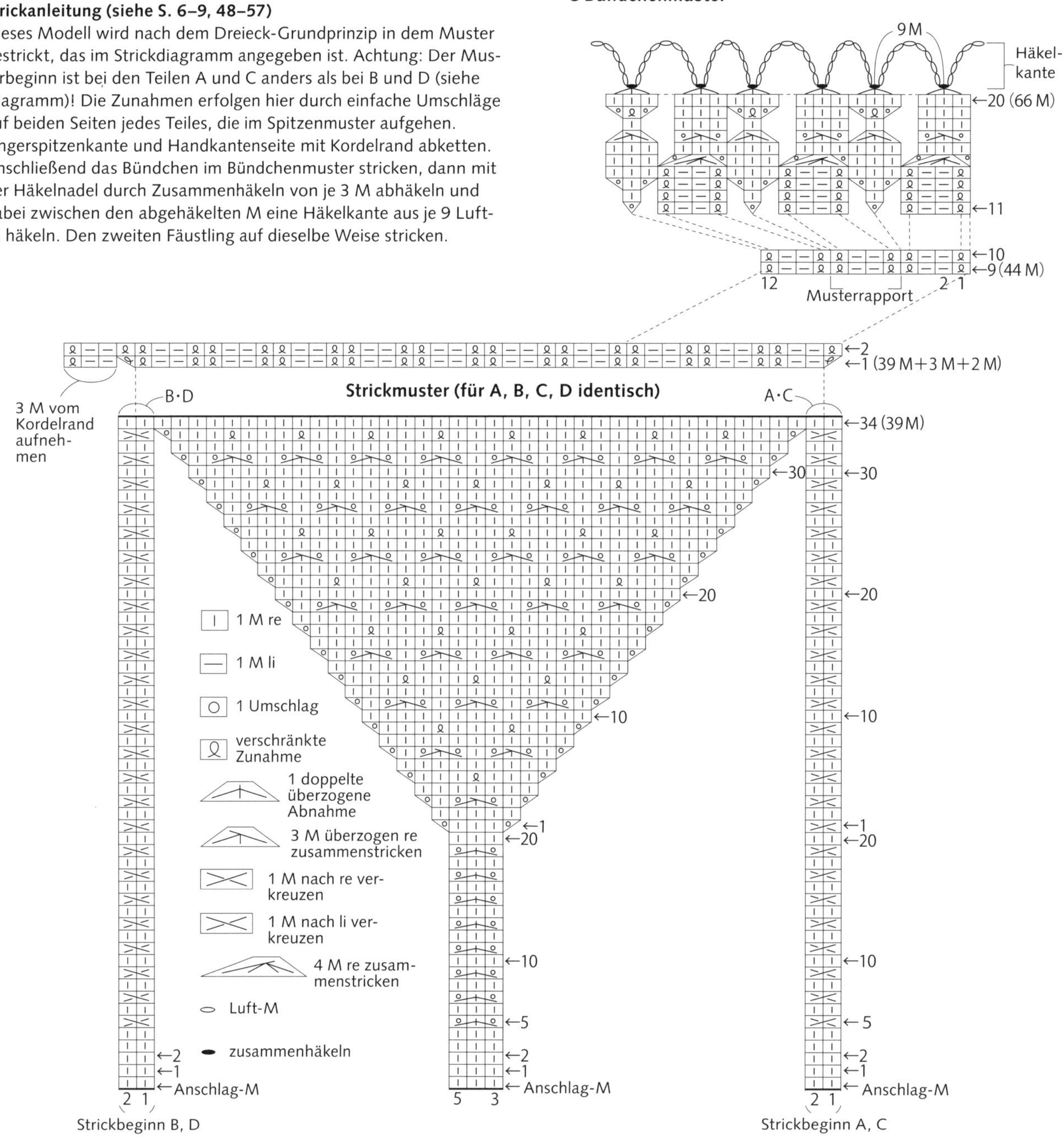

# Wash Mitten

## Putzhandschuh (Nr. 49, Nr. 50)

**Wolle:** Nr. 49: Daruma J Colors, Rot (15), 40 g
Nr. 50: Daruma J Colors, Dunkelblau (11), 35 g
**Nadeln:** Nadelspiel Stärke 4,5
**Zubehör:** Maschenstopper, Stopfnadel
**Maschenprobe:** 14 M x 24 R kraus re (Musterrapport = 2 R) = 10 x 10 cm
**Maße:** Nr. 49: Handumfang 18 cm, Länge 22 cm
Nr. 50: Handumfang 15 cm, Länge 19,5 cm

**Strickanleitung (siehe S. 6–9, S. 48–57)**
Dieses Modell wird wie die einfachen Dreieck-Fäustlinge gestrickt. Kraus re stricken wie im Strickdiagramm angegeben. Die letzte R der Fingerspitzenkante re stricken und stilllegen (Nr. 49: 25 M, Nr. 50: 21 M; diese R wird zur 1. Rd der Fingerspitzenkappe). Die Handkantenseite elastisch abketten, das Bündchen in kraus re stricken und ebenfalls elastisch abketten. Den Faden an der Fingerspitzenkante neu ansetzen und die Fingerspitzenkappe kraus re in Rd stricken, dabei in der 2. Rd 1 M zunehmen, wie es im Strickdiagramm angegeben ist (Nr. 49: 26 M, Nr. 50: 22 M). Die letzten 10 M auf 2 Nadeln verteilen, mit der Kabusehagi-Technik auf 1 Nadel legen und die verbliebenen 5 M isländisch abketten.

Für die Fingerspitzenkappe bei Nr. 50 in der 2. Rd wie bei Nr. 49 in der 2. Rd bei (*) 1 M zunehmen.

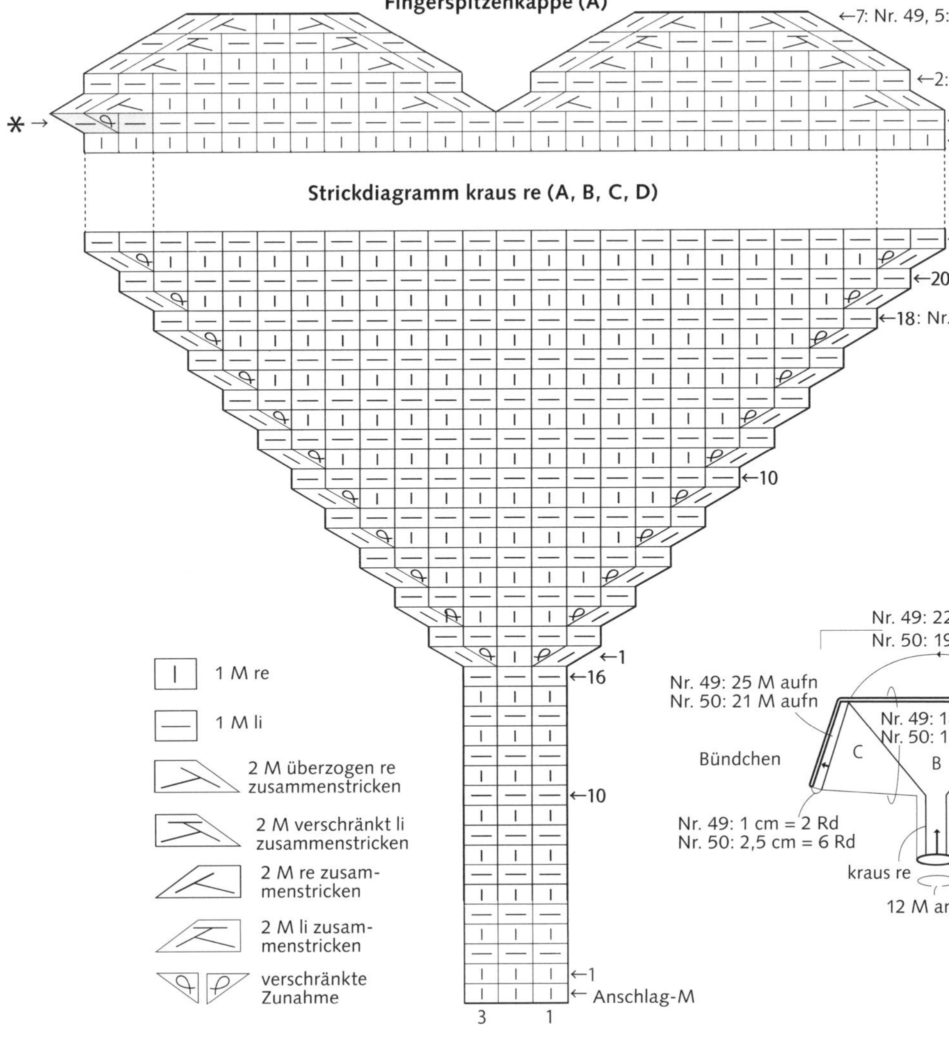


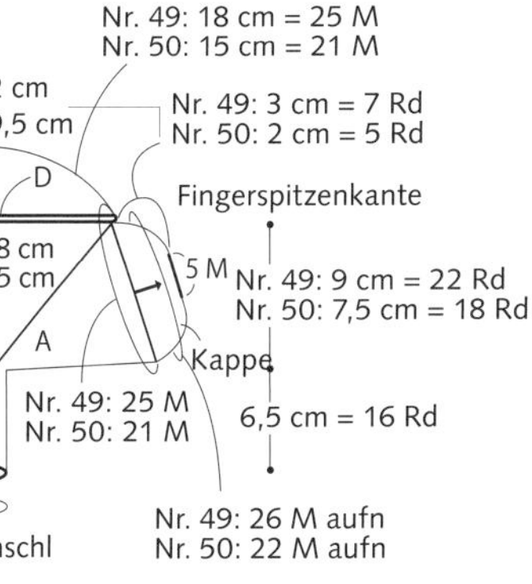

## Anleitungen: Legendensymbole

Wer weiß, wie es geht, hat mehr Spaß am Stricken!

### | 1 M re

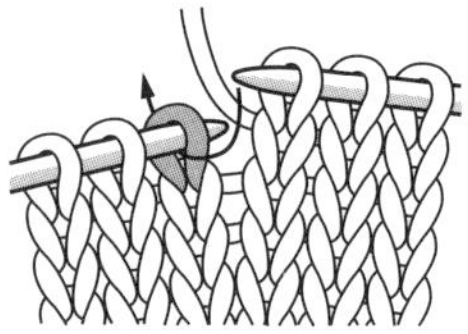

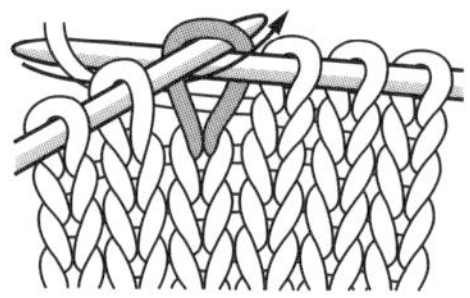

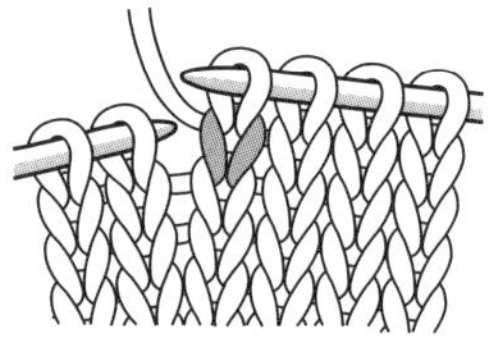

**1** Den Faden hinter die Arbeit legen und mit der rechten Nadel in Pfeilrichtung in die M stechen.

**2** Den Faden um die rechte Nadel legen und nach vorn holen.

**3** Die re M wird 1 R tiefer (unter der neuen M auf der Nadel) sichtbar.

### — 1 M li

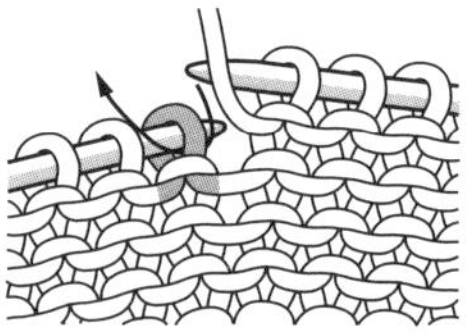

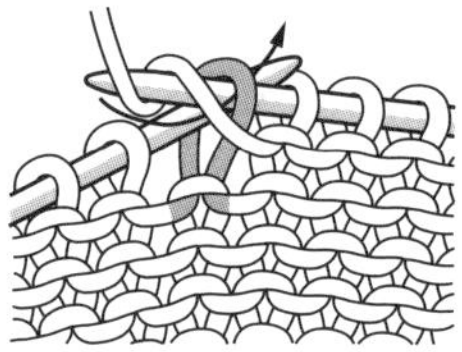

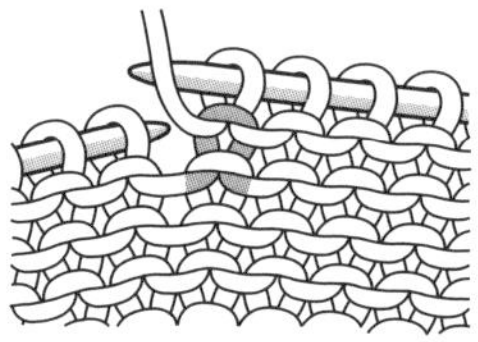

**1** Den Faden vor die Arbeit legen und mit der rechten Nadel in Pfeilrichtung in die M stechen.

**2** Den Faden um die rechte Nadel legen und von vorn nach hinten durch die M ziehen.

**3** Die li M wird 1 R tiefer (unter der neuen M auf der Nadel) sichtbar.

### Q 1 M re verschränken

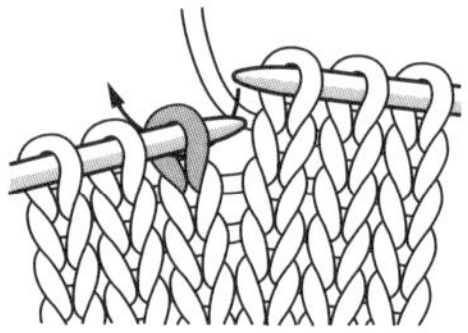

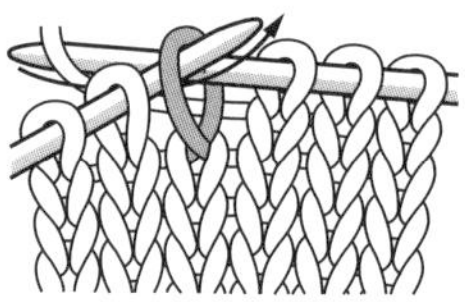

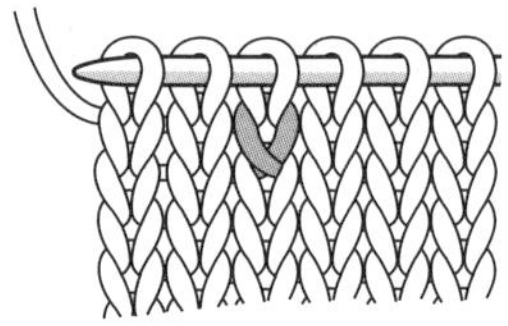

**1** Mit der rechten Nadel in Pfeilrichtung in die M stechen.

**2** Die M re abstricken.

**3** In der R darunter ist die abgestrickte M nun verschränkt.

### O Umschlag

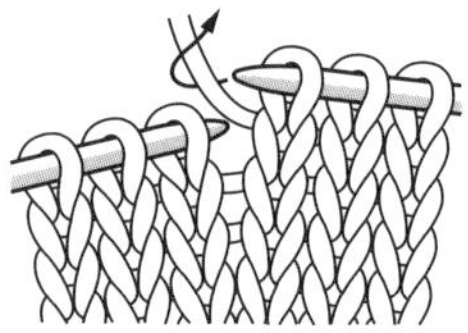

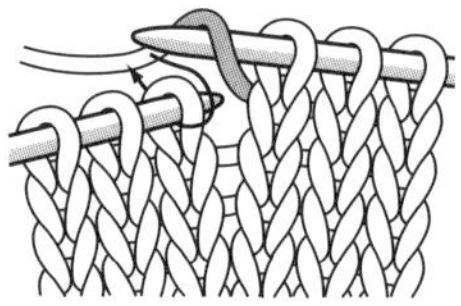

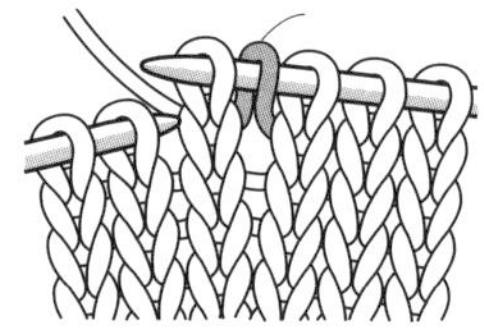

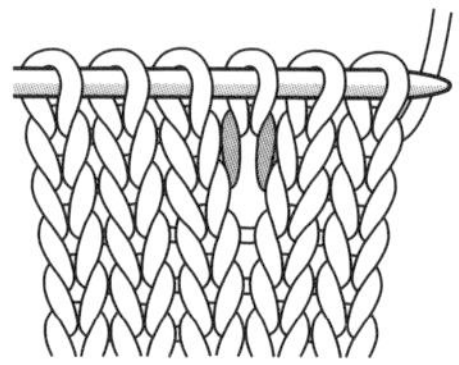

**1** Mit der rechten Nadel von hinten unter den Faden gehen und diesen aufnehmen.

**2** Die folgende M stricken, ohne den Faden wieder von der Nadel gleiten zu lassen.

**3** Zwischen den beiden abgestrickten M liegt nun ein Umschlag auf der rechten Nadel.

**4** Beim Abstricken des Umschlags in der nächsten R entsteht ein Loch.

## 2 M re zusammenstricken

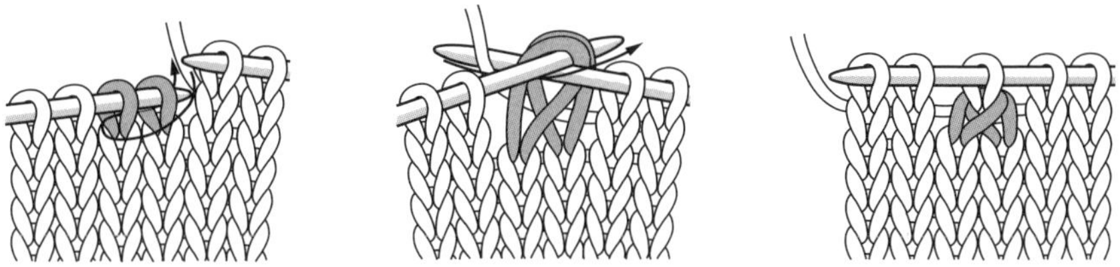

**1** Mit der rechten Nadel von vorn durch 2 M gleichzeitig stechen.

**2** Beide M zusammen re abstricken.

**3** In der R darunter liegt nun die linke M über der rechten.

## 2 M überzogen re zusammenstricken

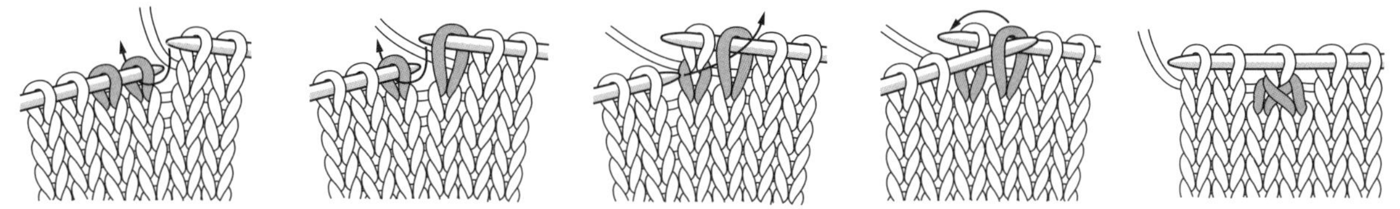

**1** Mit der rechten Nadel von vorn in die erste M stechen und diese abheben, ohne sie abzustricken.

**2** Die folgende M re abstricken.

**3** Die linke Nadel in Pfeilrichtung in die abgehobene M stechen.

**4** Die abgehobene über die gestrickte M ziehen.

**5** In der R darunter liegt nun die rechte M über der linken.

## 2 M li zusammenstricken

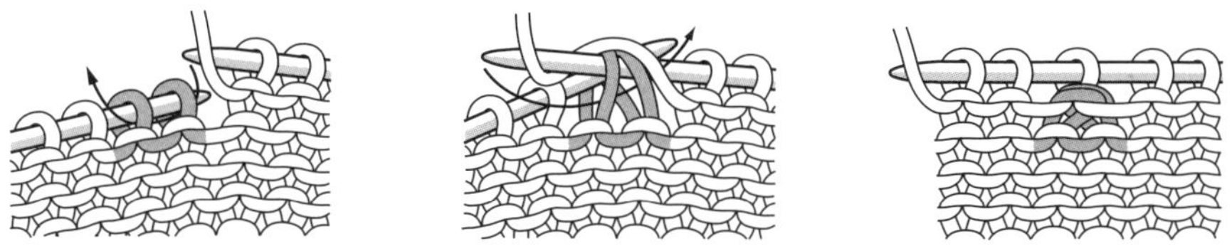

**1** Mit der rechten Nadel von hinten durch 2 M gleichzeitig stechen.

**2** Beide M zusammen li abstricken.

**3** In der R darunter liegt nun die linke M über der rechten.

## 2 M verschränkt li zusammenstricken

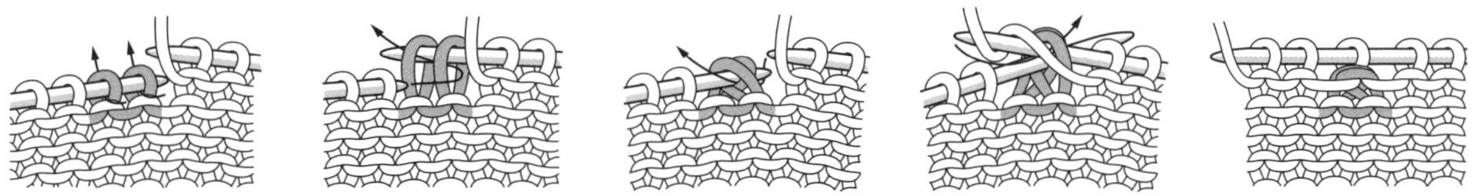

**1** Mit der rechten Nadel in Pfeilrichtung in 2 M stechen und diese abheben, ohne sie abzustricken.

**2** Mit der linken Nadel in Pfeilrichtung durch beide M stechen und wieder abheben. Die M liegen jetzt in umgekehrter Reihenfolge auf der linken Nadel.

**3** Mit der rechten Nadel in Pfeilrichtung durch beide M stechen.

**4** Li abstricken.

**5** In der R darunter liegt nun die rechte M über der linken.

## 1 M nach re verkreuzen

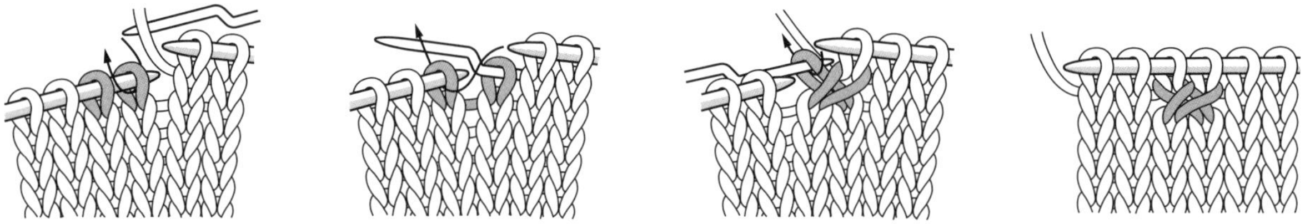

**1** 1 M auf eine Hilfsnadel hinter die Arbeit legen.

**2** Die folgende M re abstricken.

**3** Die M von der Hilfsnadel re abstricken.

**4** In der R darunter kreuzt die erste M nun die zweite.

## 1 M nach li verkreuzen

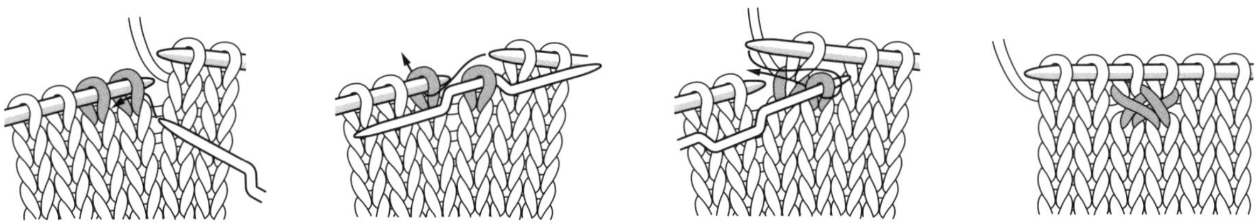

**1** Mit einer Hilfsnadel von hinten in die M einstechen und die M vor die Arbeit legen.

**2** Die folgende M re abstricken.

**3** Die M von der Hilfsnadel re abstricken.

**4** In der R darunter kreuzt die zweite M nun die erste.

## 2 M nach re verkreuzen

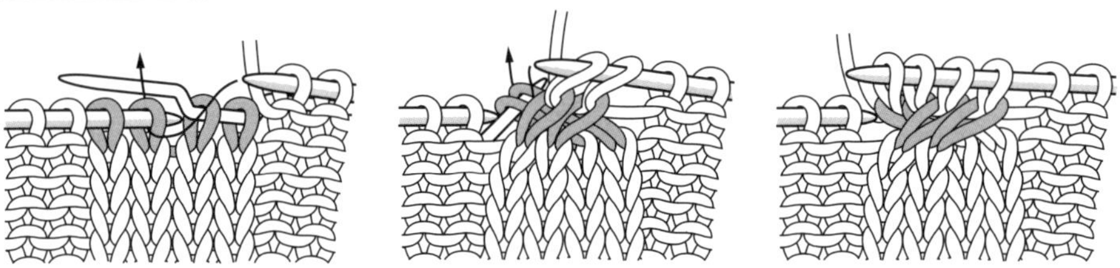

**1** Die erste und zweite M auf eine Hilfsnadel schieben und hinter die Arbeit legen. Die dritte und vierte M abstricken.

**2** Die erste und zweite M von der Hilfsnadel re abstricken.

**3** In der R darunter kreuzen die ersten beiden M nun die M 3 und 4.

## Langmaschen (mit Dreifachwicklung)

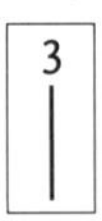


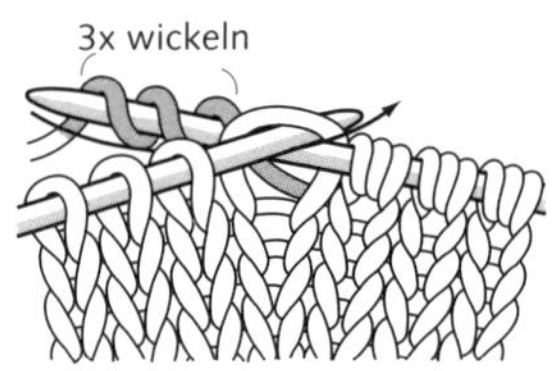


**1** Die Nadel wie zum Rechtsstricken in die M stechen, den Faden dreimal um die Nadel wickeln und durchziehen.

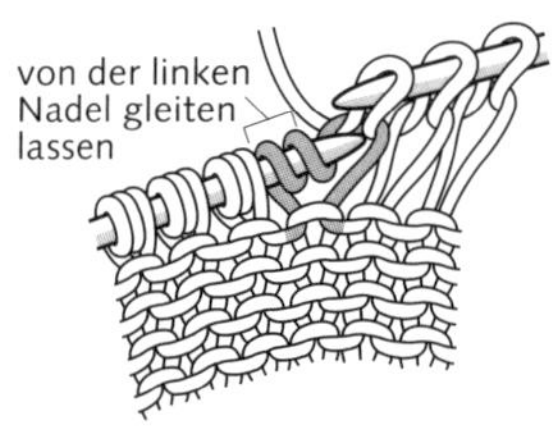


**2** In der folgenden R die Wicklungen beim Abstricken von der Nadel gleiten lassen. Dabei entstehen lange Maschen.

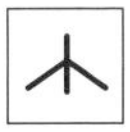

## Doppelte überzogene Abnahme

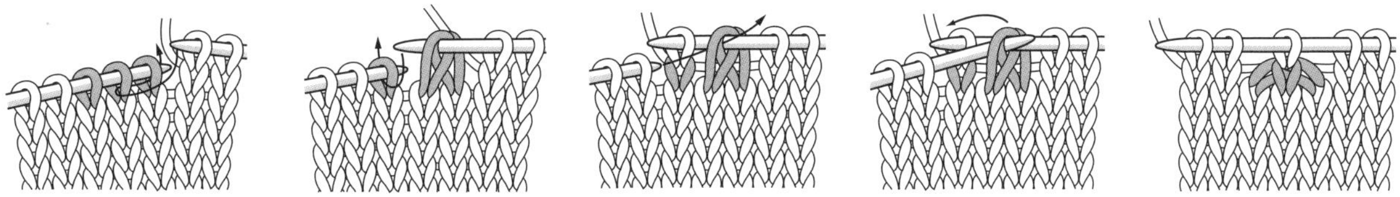

**1** Rechte Nadel in Pfeilrichtung durch 2 M stechen und zusammen abheben.

**2** Die folgende M re abstricken.

**3** Die linke Nadel durch die abgehobenen M stechen.

**4** Die beiden abgehobenen M zusammen über die gestrickte M ziehen.

**5** In der R darunter liegt nun die mittlere M obenauf.

## 3 M überzogen zusammenstricken

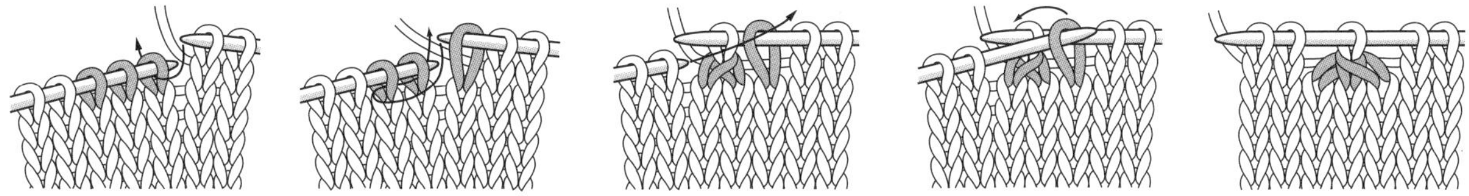

**1** Die erste M auf die rechte Nadel heben, ohne sie abzustricken.

**2** Die folgenden beiden M re zusammenstricken.

**3** Die linke Nadel in die abgehobene M stechen.

**4** Die abgehobene über die gestrickte M ziehen.

**5** In der R darunter liegt nun die rechte M obenauf.

## 3 M verschränkt re zusammenstricken

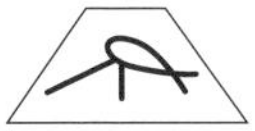

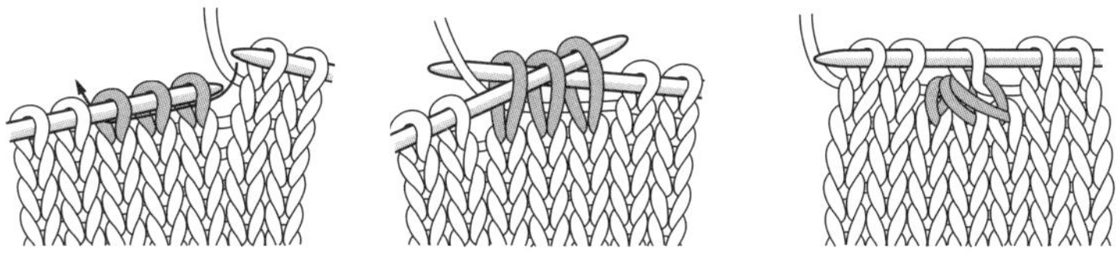

**1** Die rechte Nadel in Pfeilrichtung durch 3 M gleichzeitig stechen.

**2** Die M re zusammenstricken.

**3** In der R darunter liegt nun die rechte M obenauf und die 3 M sind verschränkt.

## 5 M aus 1 M re herausstricken

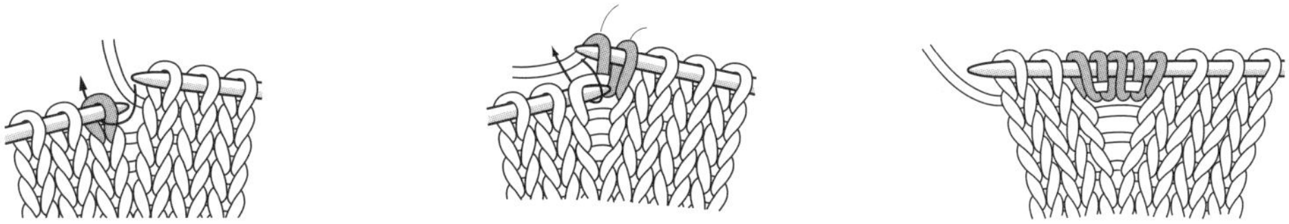

**1** 1 M re stricken.

**2** Ohne die M von der linken Nadel gleiten zu lassen, 1 Umschlag aufnehmen, erneut dieselbe M re stricken, wieder 1 Umschlag aufnehmen und noch einmal re stricken.

**3** Aus 1 M wurden so 5 M herausgestrickt.

## 5 M re zusammenstricken

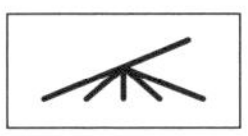

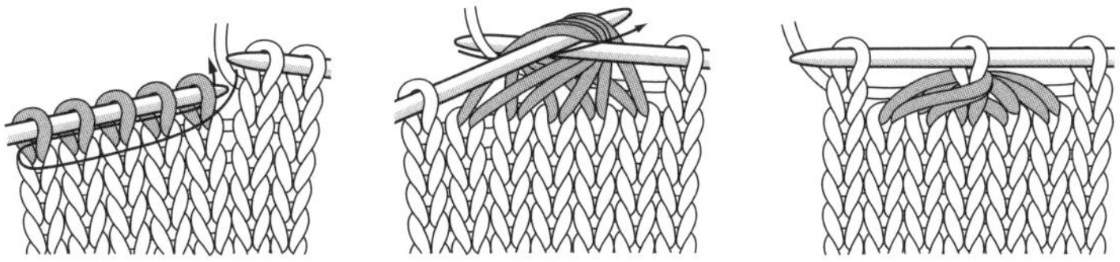

**1** Mit der rechten Nadel in Pfeilrichtung durch 5 M gleichzeitig stechen.

**2** Die M re zusammenstricken.

**3** In der R darunter liegt nun die li M obenauf.

# Abkürzungen

M = Masche
li = links
re = rechts
R = Reihe
Rd = Runde

# Hersteller

www.olympus-thread.com

www.skiyarn.com

www.puppyarn.com

www.eisakunoro.com

www daruma-ito.co.jp

www.schoppel-wolle.de

http://berndkestler·com

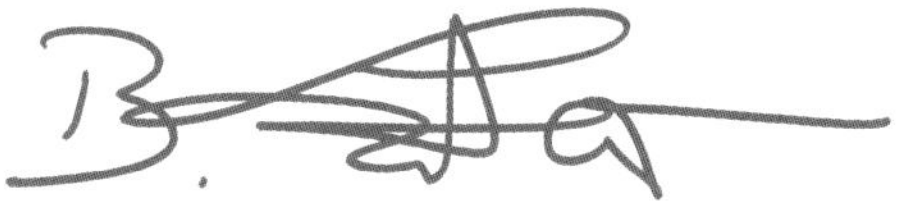

BERND KESTLER'S MITTENS by Bernd Kestler
Copyright © 2017 Bernd Kestler

All rights reserved.

Original Japanese edition published by SEKAI BUNKA PUBLISHING INC.

MITWIRKENDE DER JAPANISCHEN ORIGINALAUSGABE
Fotografie: Ryan Smith
Redaktionelle Mitarbeit: Motoko Souma
Buchdesign: Tomoko Nawata (L'espace)
Illustrationen, Bilder: Mitsuru Iijima
Styling: Yoko Ikemizu
Frisuren & Make-up: Yuko Umezawa
Models: Monika Tachibana, Andy, Bernd Kestler, Takumi Inoue
Korrektur: Hiromi Kajita
Redaktion: Sohbi Iida

This German edition is published by arrangement with SEKAI BUNKA PUBLISHING INC., Tokyo in care of Tuttle-Mori Agency, Inc., Tokio

Aus dem Japanischen von der MCS Schabert GmbH, München, www.mcs-schabert.de, unter Mitarbeit von Susanne Schmidt-Wussow (Übersetzung).

Bibliografische Information der Deutschen Nationalbibliothek
Die Deutsche Nationalbibliothek verzeichnet diese Publikation in der Deutschen Nationalbibliografie; detaillierte bibliografische Daten sind im Internet über http://dnb.d-nb.de abrufbar.

6., durchgesehene Auflage 2025

Alle Rechte der deutschen Ausgabe
© 2019, 2020, 2021, 2022, 2024, 2025 Stiebner Verlag GmbH, Lothstraße 4, 80335 München | E-Mail: verlag@stiebner.com

Alle Rechte vorbehalten. Wiedergabe, auch auszugsweise, nur mit ausdrücklicher Genehmigung des Verlages.

Druck: Central Dabas Printing House, Ungarn

www.stiebner.com

ISBN-13: 978-3-8307-0999-2

Wir produzieren unsere Bücher mit großer Sorgfalt und Genauigkeit. Trotzdem lässt es sich nicht ausschließen, dass uns in Einzelfällen Fehler passieren. Auf unserer Webseite finden Sie auf der Produkt-Detailseite etwaige Korrekturen (Errata) zu diesem Titel. Möglicherweise sind die Korrekturen in Ihrer Ausgabe bereits ausgeführt, da wir vor jeder neuen Auflage bekannte Fehler korrigieren. Sollten Sie in diesem Buch einen Fehler finden, so bitten wir um einen Hinweis an verlag@stiebner.com. Für solche Hinweise sind wir sehr dankbar, denn sie helfen uns, unsere Bücher zu verbessern.